Wojownik wewnętrznego spokoju

77 dobrych powodów do uprawiania sztuk walki

Milka Gostović

Tłumaczenie: Małgorzata Nowakowska

I edycja

Projekt okładki: Milica Radojević
Ilustracje: © shutterstock
Tłumaczenie: Małgorzata Nowakowska

Drukowanie i przetwarzanie: Amazon Media EU S.à r.l., 5 Rue Plaetis,
L-2338, Luxembourg

ISBN: 9798372865990

Znak wydawcy:
Milkica
c/o AutorenServices.de
Birkenallee 24
36037 Fulda, Niemcy

DEDYKACJA

Dedykuję tę książkę wszystkim zawodnikom sztuk walki.

SPIS TREŚCI

1. Życie to walka

"Życie bez walki jest nudne."- Lermontow

Niemowlę wydało potężny krzyk, gdy tylko ujrzało światło dzienne. Tymczasem ojciec, który trzymał matkę za rękę podczas porodu, aby niejako użyczyć jej swojej fizycznej i mentalnej siły, był zdumiony, jak głośny może być głos dziecka. Był zafascynowany siłą tego krótkiego krzyku. Ponadto on i jego żona przeanalizowali problem swojego dziecka. Próbowało ono tylko wyjaśnić wszystkim w pokoju, czego mu brakowało. Był to tlen niezbędny mu do oddychania. Ilość płynu owodniowego, którą połknął noworodek, spowodowała problemy z oddychaniem. Na szczęście położna zauważyła to i pomogła niemowlęciu. Podczas gdy rodzice, którzy przez ponad 20 lat trenowali judo i karate trzymali swoje małe szczęście w ramionach, uświadomili sobie, dzięki niemowlęciu, że każdy człowiek rodzi się wojownikiem.

Dzieci walczą o uwagę swoich rodziców.. W żłobku i przedszkolu dzieci dążą do posiadania przyjaciół, zabawek i sympatii pani opiekunki. Następnie, jako uczniowie, walczą o uwagę swojego nauczyciela. Starają się nauczyć czytać, pisać i rozwiązywać matematyczne zadania. Walczą też o dobre oceny. Na tym poziomie bitwy nie są rozgrywane na poziomie fizycznym, ale na poziomie mentalnym. Po czasie nauki w szkole rozpoczynają praktykę zawodową lub studia. Znalezienie miejsca na uniwersytecie lub stażu jest konkursem między tymi młodymi ludźmi. Podczas tej walki używają swoich słów jako broni, aby przekonać uczelnię lub ich przyszłego pracodawcę o swojej wartości. To właśnie odróżnia ich od konkurencji.

W okresie szkolenia i nauki walki trwają. Jednak ten rodzaj walki różni się od poprzednich. Jest bardziej skomplikowany, obszerniejszy i bardziej wyczerpujący. Ponieważ wiedza, którą zdobywają uczniowie lub stażyści, różni się od zdobytej przez nich wiedzy szkolnej. W okresie nauki i szkolenia dociekliwe osobowości walczą nie tylko o poszerzenie swoich horyzontów, ale także o dobre oceny. Tymczasem jednak duża część studentów i stażystów ma problemy z motywacją, obniżoną samooceną lub wątpi w siebie. Zdanie egzaminów i zadowalające wyniki przeciwdziałają tym negatywnym odczuciom. Czasami dociekliwe osoby też mają okresy, w których zmuszają się do nauki. Fakt ten symbolizuje również wewnętrzną walkę, która miała wpływ na zwycięstwo ludzi. Potem ich pomyślne ukończenie jest dowodem na to, dlaczego warto było walczyć o ich stopnie naukowe.

Umiejętność otrząśnięcia się po oblaniu egzaminu jest powodem, dla którego uczniowie i stażyści wstają i walczą o swoje cele. Dlatego właśnie zdobycie dyplomu lub kwalifikacji szkoleniowych jest równoznaczne z walką. Kiedy to się skończy, następuje kolejna walka. Nazywa się to "szukaniem pracy". Absolwenci starają się znaleźć pracę w wybranej firmie wykorzystując swoje certyfikaty i umiejętny dobór słów. Jest to duże wyzwanie, ponieważ świat internetu wielokrotnie poszerzył możliwości. Z tego powodu osobom szukającym pracy nie jest łatwo stawić czoła wielkiej konkurencji. Prawdopodobnie walka o pracę jest największą przeszkodą do pokonania. W końcu ta konkurencja jest najsilniejszym połączeniem między ludźmi a rzeczywistością. Jedynym sposobem, aby to osiągnąć, jest posiadanie stałej pracy. Umożliwia ona ludziom zarabianie na życie i spełnianie marzeń. Ale ze stałą pracą, walka trwa. Pracownicy następnie próbują zapuścić korzenie w danej firmie.

Jako entuzjaści judo i karate rodzice wierzyli, że filozofia, której uczą się zawodnicy podczas treningu, może być związana z walką zwaną życiem. Jako aktywni zawodnicy sztuk walki zauważyli ten związek stopniowo na przestrzeni lat. Doświadczyli z pierwszej ręki, jak daleko zaszli w życiu dzięki wybranej sztuce walki. Poza tym oboje nie byli pewni, czy kiedykolwiek dotarliby tak daleko bez ich regularnego treningu. Dlatego wspólnie postanowili przedstawić magię sztuk walki swojemu dziecku, gdy tylko osiągnie odpowiedni wiek. By mógł odważnie stawić czoła wyzwaniom, które napotka w swoim życiu.

2. Sztuka upadania i zdolność ponoszenia porażek

"Powstań osiem razy, jeśli upadłeś siedem razy." - Z Japonii

Matka obserwuje rocznego synka, który biega po pokoju. Jest bardzo sprawny ruchowo. Siedzenie w bezruchu i bawienie się samochodem przez to, co wydaje się wiecznością, nie jest jedną z jego mocnych stron. Ze względu na ciągłe bieganie, nagle spada powoli do tyłu. Jego matka, która dzięki wieloletniemu treningowi judo jest szybka w nogach, śpieszy by go złapać. Ale on wykonuje dwa ruchy, które prawie ją paraliżują, podczas gdy na niego patrzy. Mały chłopiec wykonał gorszą wersję przewrotu do tyłu. Aby uniknąć lądowania na głowie, kładzie ręce obok bioder i ciągnie podbródek w kierunku klatki piersiowej. Dlatego nie ląduje on na głowie, ale delikatnie na plecach. Jego matka spojrzała na niego zakłopotana i ponownie przeanalizowała, co się stało. Zdała test na pierwszy dan w Judo. Obserwując swojego syna, który znów szczęśliwie pędzi od zabawki do zabawki po pokoju, zastanawia się, czy ludzie rodzą się jako postacie wyjątkowe. Zagubiona w myślach przywołuje w pamięci wykład swojego nauczyciela judo. Stworzył on idealną więź między przewrotami w judo a życiem codziennym.

"Ludzie uprawiający sztuki walki, którzy wybierają judo, co oznacza "łagodny sposób", jako zajęcia rekreacyjne, kończą w dużej hali klubu sportowego Judo. Podczas treningu próbnego trenerzy uczą ich zalet upadania jako ćwiczenia. Japońska nazwa na przewrotów to Ukemi-waza. Przewroty są niezbędnym ćwiczeniem dla wszystkich programów sprawdzających poziom zaawansowania. Ci, którzy nie opanują metod upadania, nie są również w stanie wykonywać technik rzucania, które dominują w judo. W pierwszej sesji treningowej instruktorzy judo uczą początkującego przewrotu w przód. Aby wykonać to skutecznie, judoka najpierw stoi prosto z prawą nogą skierowaną lekko do przodu. W następnym kroku kładzie dłonie po lewej stronie maty przed prawą stopą. Palce skierowane są jednak w lewo. Następnie rozciąga lewą nogę do tyłu, aby uzyskać niezbędny pęd. Jest to niezbędne do przewrotu w przód. Podczas upadku judoka kładzie głowę na lewym ramieniu, a następnie przewraca się przodem przez prawe ramię. W ten sposób skutecznie chroni głowę przed kontuzjami. Tymczasem prawe ramię całkowicie dotyka maty. Aby szybko stanąć na nogi, spadający judoka wykorzystuje pęd przewrotu przedniego."

Na pierwszy rzut oka większość nie widzi wyraźnego związku między sztuką upadania a zdolnością ponoszenia porażek. Jednak dokładna analiza potwierdza, jak blisko spokrewnione są dwa słowa "porażka" i "upadek" na poziomie filozoficznym. Na tym poziomie ćwiczenie upadania funkcjonuje jako pouczająca lekcja, która rzutuje zarówno na wyzwania życia codziennego judoki jak i nie-judoki. Wszakże każdy człowiek podczas swojego życia może się znaleźć w sytuacji, w której ponosi porażkę lub dosłownie upada.

"Dzieci, które stawiają pierwsze kroki, często się przewracają. Żadne dziecko nie może chodzić po pierwszej lub drugiej próbie. Dzieci, które uczęszczają do przedszkola również domagają się tam uznania.

Nawiązywanie przyjaźni lub walka o zabawki to dwa zadania, których maluchy nie wykonują z powodzeniem już pierwszego dnia. W szkole uczniowie walczą o dobre oceny. Uczniowie nie zdają egzaminów. Prędzej czy później ludzie, którzy pracują w prawdziwym świecie, doświadczają porażki."

Pary rozstają się z powodów osobistych. Później nazywają siebie "nieudaną parą". Przyjaźnie się rozpadają, bo każdy człowiek dorasta. Dotyczy to wielu relacji międzyludzkich. Niektórzy są skazani na porażkę od samego początku z powodu rozbieżnych zainteresowań.

Kandydaci, którzy szukają pracy, otrzymują liczne odrzucenia i po pewnym czasie czują się jakby całe ich życie było niepowodzeniem. Niestety, niektórzy z nich zniechęcają się tymi doświadczeniami i zwieszają głowy.

"Na szczęście jednak zdecydowana większość tych, którym rzekomo nie powiodło się, wstaje i ponownie kontynuuje tam, gdzie skończyli. To jest dokładnie prawo przewrotu przedniego znanego z judo. Nie ma znaczenia, ile razy upadłeś, oblałeś lub nie zdałeś, ale ważne jest to czy wstajesz i kontynuujesz, ponieważ jest to jedyny sposób, aby osiągnąć swoje cele. Japońskie przysłowie mówi: "powstań osiem razy, jeśli upadłeś siedem razy."

Zawodnicy sztuk walki nie tylko wstają w dojo natychmiast po upadku, ale także po upadku w życiu prywatnym i zawodowym. Nie poddają się po nieudanym egzaminie, podchodzą do niego ponownie. Ci, którzy nie mają szczęścia w relacjach międzyludzkich, albo walczą o nie, albo odważnie wchodzą w nowy związek. Zaś inni, którzy szukają pracy i otrzymują liczne odmowy, nie poddają się, ale nadal aplikują. Zawodnicy sztuk walki pokonują życiowe przeszkody. Wszyscy oni walczą stanowczo i ciężko, aby zrealizować swoje marzenia i cele. Zawodnicy sztuk walki mówią mniej a działają więcej. Wojownicy upadają, ponoszą porażki, ale zaraz potem wstają. W końcu przewrót w przód wymaga od nich tego. Zawodnicy sztuk walki zawdzięczają swoją silną mentalność sztuce upadku, ponieważ ich ciało przenosi to na ich mentalną postawę.

3. Wrodzony czy nabyty strach?

"Strach ma nad tobą władzę tylko na tyle, na ile na to pozwalasz."- L. Brown

Podczas powitania trener judo uważnie obserwuje swoich uczniów. Ze względu na swój zawód ma codzienny kontakt z wieloma ludźmi, dlatego rozwinął się hobbystycznie w dziedzinie psychologii. Każdy trening rozpoczyna się japońskim pozdrowieniem "Mokuso rei", podczas gdy uczestnicy klęczą na matach. Po powitaniu dotykają czołem podłogi. W tej krótkiej chwili judoka uwalnia swój umysł od wszelkich myśli. Podczas tego procesu zamykają oczy. Trener robi to jednak rzadko. Może sprawdzić, kto jest skupiony, a kto nie. Tym razem zauważa jednego ze swoich uczniów nerwowo czekającego na pokłon. Ponieważ trenerzy sztuk walki mają dobrą relację ze swoimi uczniami, dbają o ich samopoczucie. Dlatego trening judo rozpoczyna się od gimnastyki relaksacyjnej. Wszyscy zawodnicy sztuk walki regularnie trenują mięśnie brzucha i pleców. Te dwa obszary pozwalają na dobre wykonanie technik, gdy są silne i muskularne. Popularny jest rodzaj brzuszków, w którym partnerzy łączą kostki, aby przejść z pozycji leżącej do siedzącej. Nauczyciele judo zawsze trenują z judoką, który nie ma partnera ze względu na liczbę uczestników. Dziś jest to nieskupiony uczeń. Ze względu na zadanie wychowawcze, którym kierują się trenerzy judo, nauczyciel pyta swojego ucznia.

"O czym myślisz?"

"Cierpię na lęk przed egzaminem. Mam egzamin w przyszłym tygodniu."

Następnie trener judo wygłasza przemówienie. Kiedyś intensywnie zajmował się tematem strachu i niepokoju.

"Czy wiesz, co oznacza słowo strach? To produkt twoich myśli. Strach nie jest synonimem bezpośredniego zagrożenia. Powinieneś zapamiętać różnicę między strachem a niepokojem. Pierwszy z nich odzwierciedla wytwór rzeczywistości, drugi natomiast oznacza abstrakcyjną formę twoich myśli. Strach wyraża się nagłym biciem serca, spoconymi dłońmi lub drżącym ciałem. Oznacza to, że poszkodowani znajdują się w niebezpiecznej sytuacji. Strach pozwolił przetrwać zarówno naszym przodkom, jak i nam. Ci, którzy traktują to poważnie, są mniej narażeni na ryzyko zagrażające życiu. Strach utrudnia większości osiągnięcie swoich celów.

Jednak my, ludzie, rodzimy się z trzema rodzajami strachu. Pierwszy z nich to strach przed upadkiem. Widziałem to na własne oczy, kiedy niosłem mojego czteromiesięcznego synka po schodach. Szarpał się na każdym kroku, ponieważ jego małe ciało myślało, że upada. Drugi wrodzony strach znajduje odzwierciedlenie w strachu przed głośnymi hałasami. Nie tylko niemowlęta, ale także dorośli drżą zarówno na oczekiwany, jak i nieoczekiwany głośny hałas. Trzeci wrodzony strach to strach przed samotnością. Noworodki umierają, gdy są tylko karmione i ogrzewane, ale bez poczucia bezpieczeństwa. Trzy wymienione powyżej lęki są wrodzone i umożliwiły naszym przodkom bezpieczne życie. Głośne hałasy, pułapki czy samotność nie były warunkami do przeżycia. Wszystkie inne rodzaje strachu zostały nabyte podczas naszego życia. Również nasze środowisko narzuciło nam je.

Uczniowie i studenci cierpią z powodu nerwów egzaminacyjnych. Innych dręczą lęki egzystencjalne.

Pracownicy boją się bezrobocia. Lista ta może się ciągnąć bez końca. Jako zawodnik sztuk walki możesz pokonać tę irytującą emocję, która ma w tobie miejsce. Regularne treningi judo i innych sztuk walki pomogą Ci pokonać zarówno wrodzone lęki, jak i te nabyte. Ćwiczenie upadków w Judo, Jiu-jitsu czy Aikido pomoże Ci walczyć ze strachem przed upadkiem. Nie boisz się upadku, ani nie pozostajesz na ziemi. Karateka natomiast ćwiczy okrzyk bojowy zwany Kiai podczas wykonywania ciosu. Pomaga im to wykonać cios z całą siłą psychiczną i fizyczną. Trenują odporność na głośne dźwięki. Trzecią zaletą, którą możesz cieszyć się ze względu na regularne treningi, jest członkostwo w klubie. Zawodnicy sztuk walki nie są sami. Nie tylko postrzegamy nasze dojo jako drugi dom, ale czujemy się połączeni z ludźmi uprawiającymi sztuki walki na całym świecie. Chociaż trudno jest walczyć z wrodzonymi lękami, nie jest to niemożliwe.

Pokonujesz nabyte lęki, nie dając im żadnego znaczenia. Następnym razem, gdy pewien rodzaj strachu sparaliżuje cię, zadaj sobie pytanie, czy jest wrodzony, czy nabyty. Jeśli jest to ten pierwszy, sprawdź, czy jesteś w niebezpieczeństwie. Jeśli jest to ten drugi, zdaj sobie z tego sprawę i skup się na swoim celu. W tym przypadku jest to twój test. Trzy cechy charakteryzują każdego zawodnika sztuk walki. To szacunek, dyscyplina i entuzjazm. Jeśli w twoim życiu pojawia się strach, przekształć go w szacunek. Automatycznie stawiasz się w lepszej sytuacji. Wrodzone lęki były kiedyś istotne. Dziś nigdzie cię nie zaprowadzą. Dzięki nim albo zostajesz w tym samym miejscu, albo cofasz się o krok. Brown miał rację, kiedy zdał sobie sprawę, że strach ma wielką władzę nad nami ludźmi, bo na to pozwoliliśmy.

Ludzie, którzy świadomie dostrzegają zjawisko strachu, walczą z nim. W rezultacie cieszą się nieopisanym spokojem wewnętrznym, którego wpływ zewnętrzny nie może zostać bez wysiłku zniszczony. Wyobraź sobie, że jesteś w drodze na rozmowę kwalifikacyjną i nieuzasadniony strach zaczyna cię dręczyć. Odpowiedz na pytanie, Czego się boisz w tym momencie. Masz fobię nieprzyjemnych pytań? Martwisz się luką w CV? Boisz się odrzucenia przez dział HR? Jeśli świadomie myślisz o wspomnianych powyżej lękach, akceptujesz je. Nie mogą przeszkodzić ci w nadchodzącej rozmowie. Dzięki lękowi uwalniasz większą ilość adrenaliny i jesteś bardziej skupiony podczas rozmowy. Boisz się egzaminu? Dlaczego? Czy boisz się niezdania? Zaakceptuj strach i zmierz się z nim. W ten sposób obniżysz swój poziom strachu. Stajesz się bardziej wydajny i jesteś gotowy zaakceptować inne wyniki, takie jak oblanie egzaminu. I to właśnie ta akceptacja strachu lub przekształcenie nabytego strachu w szacunek daje Ci wewnętrzną siłę i spokój. Tak jak pokonałeś swój strach przed upadkiem, przed nieznanym i przed nabyciem nowego sportu w treningu sztuk walki, jesteś również w stanie przeciwdziałać dalszym lękom.

4. Ćwicz świadome oddychanie

"Kiedy jesteś roztargniony, naucz się zwracać uwagę na swój oddech."
- Budda

Hapkido pochodzi z Korei, ale ma swoje źródło w japońskiej sztuce walki Daito-Ryu Aiki-Jujutsu. Ze względu na stałą ekspansję, sport rozwinął się w niezależną sztukę walki. Osoba praktykująca Hapkido nazywa się Hapkido-in. W dojo praktykujący Hapkido poszerzają swoją wiedzę i umiejętności dotyczące licznych dźwigni, technik rzucania, uderzania i kopania. Nauczyciele skupiają się również na świadomym oddychaniu. Ucząc prawidłowych technik oddychania pomagają swoim uczniom stać się lepszą wersją siebie, lepiej postrzegać swoje otoczenie i bliźnich oraz wzmacniać ich wewnętrzne ja. Dlatego trener Hapkido trening rozpoczyna od różnych ćwiczeń oddechowych po powitaniu. Ponadto podpowiada swoim uczniom jaki wpływ ma prawidłowe oddychanie na ich zdrowie. Zachęca, uspokaja i leczy. Odwaga i spokój są również ważnymi cechami zawodnika sztuk walki. Nieprawidłowe oddychanie ma negatywne skutki pod wieloma względami. Świadome oddychanie łączy jednak Hapkido-in z teraźniejszością.

Trener Hapkido praktykuje jogę w swoim wolnym czasie. Docenia techniki oddychania znajdywane w jodze. Dlatego używa ich w dojo. Jego trener już to zrobił. Nauczył ich roli oddychania w Hapkido. Zanim rozpocznie się rozgrzewka, zachęca swoich uczniów, aby uspokoili swoje niespokojne myśli, które nagromadziły się w ciągu dnia, za pomocą oddychania. Szybkie, niespokojne oddychanie jest oznaką niespokojnych myśli, Podczas gdy głębokie, powolne oddychanie jest oznaką spokojnych myśli. Podczas tej fazy uczniowie klęczą na podłodze i zamykają oczy. Pozwala im to całkowicie skoncentrować się na oddychaniu.

"W treningu Hapkido realizuję dwa ważne cele. Z jednej strony pomagam ci wzmocnić ciało, z drugiej uczę jak wzmacniać umysł dzięki sztukom walki. Oddychanie odgrywa rolę w obu punktach. W stresujących sytuacjach głęboki oddech pomaga szybko się uspokoić. Głębokie oddychanie dostarcza mózgowi wyższy procent tlenu. To z kolei zwiększa koncentrację i pamięć. Rzuty, uderzenia, dźwignie i kopnięcia zwiększają objętość płuc i głęboki oddech. W ten sposób twoje ciało korzysta z lepszej dystrybucji tlenu. Kontynuujmy teraz ze sprawdzonymi pozdrowieniami w sztukach walki. Nadszedł czas, aby trenować mięśnie brzucha w połączeniu z prawidłowym oddychaniem.

Aby wzmocnić poczucie wspólnoty swoich uczniów, nauczyciel pozwala im wykonywać brzuszki w ćwiczeniach partnerskich. Łączą kostki razem. Leżąc plecami na podłodze, wdychają powietrze. Gdy tylko znajdują się w pozycji pionowej, wydychają je. Większość uczniów rzadko zwraca uwagę na prawidłowe oddychanie podczas treningu mięśni brzucha. Zamiast tego ich oddech jest nieregularny i urywany. W rezultacie są wyczerpani po 50 powtórzeniach. Wierzą, że osiągnęli swój limit. Dlatego ich trener pozwala im wykonywać ćwiczenia ponownie, powoli i z prawidłowym wdechem i wydechem. Wszyscy obecni w dojo byli zdumieni, gdy udało im się wykonać kolejne 100 brzuszków. Motywacja ich trenera, a także prawidłowe wdechy i wydechy pozwoliły poprawić ich wydajność.

Po rozgrzewce uczniowie ćwiczą kopnięcie do przodu. Zwracają również uwagę na świadome oddychanie podczas wykonywania tego ćwiczenia. Kopnięcie to wymaga dłuższego wydechu, ponieważ cała noga pokonuje dłuższy dystans.

"Jeśli przywiążecie dużą wagę do prawidłowego oddychania, wyjdziecie poza swoje granice. Myśleliście, że jesteście na granicy po pierwszych 50 brzuszkach. Prawidłowe oddychanie przekonało was o czymś przeciwnym. Działa nie tylko w dojo jako cenny towarzysz dla poprawy wydajności Hapkido-w, ale także w życiu codziennym.

Pracujesz w dziale sprzedaży i denerwujesz się zrzędliwym klientem? Nie daj się pokonać jego energochłonnemu zachowaniu. Zamiast tego oddychaj delikatnie, głęboko i powoli przed wydechem. To pozwoli ci zachować spokój w tej stresującej sytuacji. Myśl jasno i reaguj na korzyść klienta. Jesteś na egzaminie ustnym lub pisemnym? Masz nieprzyjemny rozmowę? Czy zauważyłeś, że twój oddech jest coraz szybszy? Zwolnij i skoncentruj się na pytaniach egzaminacyjnych lub pytaniach rekrutera. Spokojny oddech pomaga w wielu sytuacjach. Co więcej, wzmocnisz swój wewnętrzny spokój, jeśli wyjdziesz z sytuacji stresowej jako zwycięzca. Spokojny oddech eliminuje również strach przed kolejnymi wyzwaniami.

Połóżcie się na plecach. Wreszcie będziemy ćwiczyć świadome oddychanie. Wdech przez nos, przytrzymajcie go przez trzy sekundy, a teraz powoli wydech przez usta. Teraz ponowny wdech i upewnijcie się, że wypełniacie klatkę piersiową powietrzem, przytrzymajcie ponownie przez trzy sekundy. Teraz wydech przez usta. Wdech i napełnijcie brzuch powietrzem, przytrzymajcie go przez trzy sekundy, wydech. Czy zauważyliście, jak te ćwiczenia wpływają na was? Czujecie się lepiej? Zintegrujcie świadome oddychanie nie tylko ze stresującymi sytuacjami, ale także z codziennym życiem w ogóle. To pomoże wam rozwinąć się poza swoje granice. Wasz oddech powinien pasować nie tylko do technik Hapkido, ale także do codziennych przeszkód."

5. Siła chwili

"Nie rozwódź się nad przeszłością, nie marz o przyszłości. Skoncentruj się na chwili obecnej."- Budda

Dzieci należą do tych, którzy żyją w teraźniejszości. Nie boją się przyszłości ani nie marnują ani jednej myśli na swoją przeszłość. Dorośli natomiast świadomie zapominają o pozostaniu w chwili obecnej. Boją się swojej nieprzewidywalnej przyszłości lub mieszkają w swojej niezmiennej przeszłości. Niestety ten sposób myślenia powoduje nie tylko problemy, ale także choroby. Kilka badań udowodniło, jak liczne problemy zdrowotne powstają: wynikają z braku przyjemności z chwili obecnej. Ludzie, którzy praktykują sztuki walki są wśród tych, którzy są świadomi teraźniejszości.

Techniki samoobrony specjalizują się w obronie przed frontalnym atakiem. Zawodnik sztuk walki, który od kilku lat trenuje Judo, unika tego typu ataków przesuwając prawą nogą w prawą stronę. Następnie chwyta lewą ręką prawy nadgarstek napastnika i mocno go trzyma. Obrońca obraca się o 180 stopni. Wykonuje ten ruch prawą stopą. Lekko klęczy i używa nadgarstka, aby popchnąć rękę napastnika dalej do przodu, podczas gdy jego prawa ręka ślizga się pod pachą przeciwnika. Na tej pozycji wykwalifikowany judoka wykonuje przerzut barkiem. Spowodowało to, że atakujący upadł do przodu, nie wykonując ataku pięścią.

Karateka z kolei skręca lewą nogą w lewo i lekko obraca górną część ciała w bok. Blokuje również cios lewym nadgarstkiem. Wszystkie sztuki walki mają swoją własną technikę, z którą odeprzeć ten atak pięści. Atak ma jednak jedną wspólną cechę z każdym sportem: zawodnicy, którzy nie skupiają się na chwili obecnej i ataku, otrzymają cios prosto w twarz. W naszym dynamicznym świecie, jednak większość ludzi ma tendencję do innego uderzenia pięścią. Wynika to z ich trwałej nieobecności. Oscylują między przeszłością a przyszłością. Dlatego ta technika obrony od sztuk walki służy jako drogowskaz, który zawsze przypomina zarówno wojowników, jak i tych, którzy chcą stać się wojownikami, aby świadomie żyć w teraźniejszości.

Ataki pięściowe i jego konsekwencje są używane w życiu codziennym. Ludzie, którzy przemieszczają się myślami między swoją niezmienną przeszłością a nieprzewidywalną przyszłością, otrzymują największy cios w życiu dzięki temu sposobowi myślenia. Budzą się pewnego dnia i uświadamiają sobie w stanie depresji, że nigdy tak naprawdę nie żyli. Co więcej, nie zrobili rzeczy, które były bliskie ich sercom, ponieważ nie byli obecni w teraźniejszości. Albo ich przeszłość ich miażdży, albo ich przyszłość ich obciąża. Z tego powodu warto regularnie ćwiczyć uważność i być świadomym chwili. Atak pięściowy pomaga nie tylko zawodnikom sztuk walki, ale także tym, którzy cierpią z powodu strachu przed przyszłością i przeszłością, myśleć o znaczeniu teraźniejszości.

Aikidoka, Judoka, Karateka, Taekwondoka i bokser, koncentrują się podczas wykonywania kopnięć, dźwigni, ćwiczeń spadających i innych technik. W ogóle nie dygresują swoimi myślami. Ponieważ jeśli są rozproszeni przez ułamek sekundy, popełniają błąd dokładnie w tym czasie. W życiu codziennym ten błąd zależy od ich odpowiednich działań. Dlatego techniki ataku i obrony w wielu sztukach walki działają jak mentorzy, którzy pomagają trenującemu świadomie postrzegać teraźniejszość. Zawodnicy sztuk walki zawdzięczają swoją wysoce skoncentrowaną pracę wieloletniemu treningowi. W rezultacie są uważni podczas wszystkich czynności, które wykonują. Przenoszą cios, który odpierają podczas treningu, do codziennego życia. Jadąc samochodem beztrosko, zapłacą za zatracenie myśli spowodowaniem wypadku samochodowego. Podczas treningu uczą się, że uważność oznacza specjalną formę percepcji i stanu świadomości. Uważne osoby korzystają nie tylko z wyższego poziomu uwagi, ale także z optymistycznego podejścia. Dlatego nie należą do tych, którzy ciągle na coś czekają. Większość nie skupia się na chwili, ale na lękach, niepokojach lub problemach. Przez większość czasu nie miały one nawet miejsca. I prawdopodobnie nigdy nie staną się rzeczywistością. Osoby te zapominają, że powinny myśleć tylko o rozwiązaniach swoich zmartwień, jeśli się spełnią. Ponadto większość młodych ludzi i dorosłych czeka na coś, co się wydarzy i nie rozumie, jak szkodliwe może być to czekanie dla ich stanu umysłu. Wiele osób czeka na weekend, na kolejne wakacje lub na emeryturę. Są chętni, aby to lub tamto w końcu minęło. Niestety zapominają, jak szybko mija czas. Dlatego warto zwizualizować atak pięściowy i jego wymaganą koncentrację na obecności treningu sztuk walki.

6. Uważność - niedoceniany towarzysz codzienności

"Myślenie jest podstawą wszystkiego. Ważne jest, abyśmy uchwycili każdą z naszych myśli z punktu widzenia uważności." - Thich Nhat Hanh

Uważność jest ważnym elementem wszystkich sztuk walki. W końcu działa nie tylko jako zwiększona forma uwagi, ale także jako zabójca stresu. Uważność nie jest dobrą podstawą dla negatywnych myśli. Ponadto uwalnia ona ludzi od przeszłości powodującej ich cierpienie. Można to wyćwiczyć w dojo. Uważność składa się z czterech składników. Nazywane są percepcją ciała, doznań i umysłu. Percepcja obiektów mentalnych dopełnia ten kwartet. W teorii uważności eksperci dzielą te cztery poziomy na skupiony, podzielony, trwały i zmienny etap uwagi.

Ważnym ćwiczeniem postrzegania sztuk walki jest nawiązanie kontaktu z ich salą treningową. Zaczyna się od łuku podczas wchodzenia na maty. Świadoma percepcja pomaga artystom sztuk walki skupić się na chwili obecnej i zmniejszyć stres. Składa się z koła świadomości. Z tego cyklu powstają uczucia, myśli i reakcje. Widzenie, słuch, zapach i uczucie wpływają na percepcję. W samoobronie bojownicy uczą się postrzegać reakcje swoich partnerów za pomocą ludzkich zmysłów. Skupiają się na ataku przeciwnika. Następnie przeprowadzają ocenę fizycznego ataku w ciągu kilku sekund. Odzwierciedla to ich myśli w postaci postaw i oczekiwań. Jednak proces ten odbywa się wewnątrz ciała. Po ocenie pojawiają się uczucia. Dzielą się na przyjemne, neutralne i nieprzyjemne. Przyjemne uczucia tworzą pragnienie więcej. Neutralne uczucia powodują obojętność.

Nieprzyjemne oceny powodują odrzucenie. Zbliżający się atak, nawet jeśli jest to symulacja w dojo, powoduje niechęć. Takie uczucia wyrażają się na zewnątrz w postaci napięcia ciała. W ten sposób myśliwce przekazują napastnikom, że są przygotowani do ataku.

Judoka skupia się na mowie ciała partnera, aby dostrzec jego zachowanie. Polegają na fizycznym kontakcie w celu pomyślnej oceny. W zależności od pozycji partnera treningowego wykonują technikę rzucania. Bez świadomego postrzegania nie byliby w stanie tego zrobić. Ćwiczenie świadomości pomaga na wiele sposobów, nie tylko w treningu, ale także w życiu codziennym. Ludzie, którzy reagują uważnie na swoje uczucia, mogą je odbijać i kontrolować. Nie pociągają swoich bliźnich do odpowiedzialności za różne sytuacje. Uważne zachowanie pomaga przerwać cykl percepcji, oceny i nawykowej reakcji. Ci, którzy mogą to zrobić, korzystają z wewnętrznego spokoju.

Podczas Randoris zawodnicy sztuk walki nie oczekują, że ich partner dostosuje się do sytuacji, ale zareaguje na jego ruchy. Następnie wykonują technikę rzucania. Nie tylko judocy są w teraźniejszości podczas Randoris, ale także ludzie, którzy praktykują świadomą percepcję w życiu codziennym. Dostosowują się do zmian. W ten sposób tworzą obecną rzeczywistość. Dzięki tej elastyczności mogą dostosować się do swojej obecnej chwili. Z otwartości na zmiany korzystają nie tylko judocy, ale także inni artyści sztuk walki. Cierpią mniej niż ich zamknięci bliscy ludzie. Takie zachowanie utrzymuje mózg w młodości. Działają jako środek zapobiegawczy przeciwko starzeniu się. Mnisi z Shaolin wiedzą, że mózg starzeje się tym szybciej, im częściej przebywa ze swoimi myślami w przeszłości.

Uważność tworzy wewnętrzny spokój. Zawodnicy sztuk walki uczą się odpuszczać i wielokrotnie przeglądać swój sposób myślenia. W rezultacie walczą mniej zmagań ze sobą. W dojo odbywa się doskonały trening uważności. Wojownicy poświęcają swoją uwagę chwili obecnej. Aby nauczyć się nowych technik, uczniowie zwracają uwagę na swojego nauczyciela w stu procentach. W przeciwnym razie nie zdobędą nowej wiedzy. Dlatego tablety czy smartfony są zakazane. Dominuje tam słuchanie bez rozpraszania uwagi. Ponadto nader potrzebna jest własna motywacja. To nie tylko wyższe studia przyciągają studentów, ale także chęć stawania się lepszym. Działa to jednak tylko wtedy, gdy obecni są uważni i nie błądzą myślami. Trening uważności można łączyć ze szkoleniem sztuk walki. Fascynującą rzeczą w każdej sztuce walki jest zaabsorbowanie sobą, które odbywa się w zespole.

Prawidłowe oddychanie jest również częścią treningu uważności. W Karate lub Taekwondo ciosy i kopnięcia wymagają głębokiego wdechu i wydechu. Te ćwiczenia to mała rzecz o dużym wpływie. Czyniąc to wojownicy wielokrotnie zwiększają swoją uważność. Ponadto obserwują siebie podczas walki i dostrzegają ich reakcje. Kolejną zaletą działań na rzecz silnej uważności jest cyfrowy detoks. Oczywiście zawodnikom sztuk walki nie zawsze udaje się być uważnym. W życiu codziennym świadome postrzeganie stanowi wyzwanie. Ale dojo zapewnia lekarstwo po pewnym okresie treningu. Jest to szczególnie prawdziwe w odniesieniu do myśli. Są one podstawowym budulcem wszystkiego. Dlatego wojownicy chwytają je uważnie.

7. Zwiększenie koncentracji poprzez sztuki walki

"Ten, kto postanowił coś zrobić i nie myśli o niczym innym, pokonuje wszystkie przeszkody." - *Giacomo Girolamo Casanova*

Zadowolony trener Wing Tsun bada trening. Uczniowie sprawiali wrażenie, że są obecni nie tylko fizycznie, ale i psychicznie. Aby nauczyć się nowych technik samoobrony, jest to również gorzko konieczne. Jego uczniowie zwracają na niego stuprocentową uwagę. Smartfony i tablety pozostają w przebieralni. W końcu przeszkadzają w słuchaniu bez rozpraszania uwagi. Wymaga to również stałego kontaktu wzrokowego. W dzisiejszym świecie jest więcej zakłóceń niż kiedykolwiek wcześniej. Ludzki mózg nie ma jednak możliwości wielozadaniowości. Skupia się tylko na jednej rzeczy. Ludzie, którzy myślą, że mogą wysyłać wiadomości przez telefon komórkowy podczas oglądania filmu, są w błędzie. Albo brakuje im ważnych scen, albo osoba, z którą rozmawiają, zauważa, że obecne jest rozproszenie uwagi. Takie zachowanie ma negatywny wpływ na naszą pamięć roboczą. Przetwarza informacje i przenosi je do pamięci długotrwałej. Każdy, kto stale przełącza się między kilkoma czynnościami, cierpi na brak koncentracji. Dobrą wiadomością jest jednak to, że każdy, niezależnie od wieku, może poprawić swoją wydajność pamięci dzięki ukierunkowanemu treningowi. Ludzie, którzy zapisują rzeczy, mogą je łatwiej zapamiętać. Ten sam efekt pozostaje, gdy ludzie uprawiają sport. Neurolodzy mówią o głębi przetwarzania. Aby to skutecznie wdrożyć w życie, wymagane są ćwiczenia fizyczne i psychiczne. W treningu Wing Tsun drewniana lalka działa jako urządzenie do regularnego treningu pamięci.

"Wing Tsun nie tylko uczy skutecznych technik samoobrony, ale także zwiększa zdolność koncentracji. Ruchy poprawiają krążenie krwi i zwiększają zdolność umysłową. Wasz mózg korzysta z lepszego zaopatrzenia w tlen i składniki odżywcze. Jednak, aby zwiększyć koncentrację, postawiłem na regularny trening z drewnianą lalką, która symuluje przeciwnika, napastnika lub partnera treningowego. Drewniany manekin daje również możliwość praktykowania niebezpiecznych technik. Wyobraźnia i fantazja to nazwa dwóch aspektów, które stymuluje w was manekin. Poza tym skoncentrujcie się całkowicie na technikach. Będziecie również ćwiczyć strategie awaryjne, a także techniki ofensywne i defensywne na swoim drewnianym partnerze. Dzięki manekinowi macie możliwość praktykowania niebezpiecznych technik bez robienia sobie krzywdy. Nauczycie się zwracać uwagę na sygnały swojego ciała. W ten sposób zmniejszacie ryzyko zranienia się w niewłaściwej pozycji stawów i ciała. Skoncentrujcie się na bólu, który odczuwacie. Oczywiście jest to prawdą tylko wtedy, gdy nie wykonacie ruchu poprawnie. Pełni funkcję cichego korektora. Nie macie więc innego wyboru, jak całkowicie skoncentrować się na treningu. Wasze myśli nie odpłyną. Z każdym kolejnym uderzeniem, kopnięciem, kopnięciem i uderzeniem efektywniej używacie rąk i nóg. Nauczycie się także kontrolować swoją siłę. Jak widać, techniki samoobrony są na pierwszym planie.

Na szczęście wasze zdolności umysłowe również korzystają z regularnego treningu. Koncentracja jest ważna nie tylko w sztukach walki, ale także w życiu codziennym. Jesteście od niego zależni, jeśli chcecie osiągnąć sukces w życiu prywatnym i zawodowym. W życiu napotykacie wiele sytuacji, w których musicie się skoncentrować. Obejmuje to nie tylko prowadzenie samochodu. Prawie każda grupa zawodowa jest zobowiązana do koncentracji podczas pracy, aby nie popełnić żadnych błędów. Ale coraz więcej osób ma problemy z koncentracją na swoim zadaniu. Podczas treningu z drewnianą lalką krótkotrwały ból fizyczny przypomina o koncentracji. Dotyczy to na przykład kucharza. Jeśli nie skoncentruje się i wsypie zbyt dużą ilość soli do zupy, zepsuje smak. Księgowi są bardzo skoncentrowani podczas rejestrowania transakcji biznesowych w celu prowadzenia bezbłędnych rachunków. Uczniowie, praktykanci i studenci nie uzyskują dobrych wyników, jeśli nie koncentrują się w czasie nauki. Jednak dobrą wiadomością jest to, że jako praktykujący Wing Tsun intensywnie pracujecie nad swoją zdolnością koncentracji. Nie muszę wam mówić o korzyściach z tego."

8. Rozwijaj kreatywność poprzez sztuki walki

"Kreatywność wzbogaca życie, pozwala rozwijać nowe moce i prowadzi do siebie." - Mation T. Douret

Judoka, który odwiedza swoje dojo dwa do trzech razy w tygodniu, prędzej czy później zauważa pozytywne zmiany. Obejmuje to znaczny wzrost ich kreatywności i umiejętności opanowania zadania za pomocą różnych rozwiązań. Podczas Randori siła ta uwidacznia się w wyszkolonym judoce. Aby promować pewien poziom wiedzy na temat technik nóg, trener motywuje swoich uczniów do korzystania z tych technik podczas walki.

Ashi-Waza to ogólna nazwa rzutów stóp. Podczas walki uczniowie używają techniki zamiatania, sierp lub wiszące. Japońskie końcowe sylaby technik stóp to Barai, Gari i Gake. Judoka rozwiązuje to zadanie na różne sposoby analogiczne do rozbieżnego sposobu myślenia. Niektórzy używają deashi-barai, podczas gdy inni używają hizu-guruma lub o-Soto-gari jako technik rzucania. Dostosowują swój wybór techniki do sytuacji walki. Stabilny przeciwnik zostanie wyrzucony z równowagi przez wykwalifikowanego ucznia. Jeśli sprowadzenie go jest wyzwaniem, warto zastosować techniki zawieszenia. Jeśli Uke, osoba rzucona, przykłada wagę tylko do jednej nogi, Tori używa techniki zamiatania. Ta kreatywność, którą Judoka pokazuje podczas Randoris, wpływa na dalsze rozwiązania w życiu codziennym.

Ogólnie rzecz biorąc, ruchy w dojo zwiększają zdolność do elastycznego myślenia. Według naukowców kreatywność składa się z czterech elementów. Można je rozwijać przy regularnym treningu sztuk walki. Różne zdolności dotyczące kreatywności zależą od nawyków osoby. Sport jest działaniem wspierającym proces twórczy. Praca twórcza obejmuje umiejętność komunikowania się, motywacji, percepcji i myślenia. Produkt jest produktem materialnym lub niematerialnym. Środowisko obejmuje wszystkie jego aspekty, które wpływają na kreatywność. W tym kontekście decydującą rolę odgrywa relacja między osobą a jej otoczeniem. Cztery elementy pokazują, jak dobrze można wytrenować twórczego ducha jako kompetencję. Dojo działa jako doskonałe wsparcie, ponieważ usuwa zawodników z ich codziennej rutyny. Ten proces zachęca do twórczego myślenia. Nie tylko Judoka, ale także inni artyści sztuk walki reprezentują ciekawość i entuzjazm. W końcu regularnie chodzą na treningi. Akceptacja niepewności oznacza pomoc własnej kreatywności. Zawodnicy rzadko wiedzą, czego się spodziewać na treningu. Nie zniechęcają ich jednak te niepokojące czynniki, ani w dojo, ani w życiu codziennym.

Podczas Randoris elastyczność i spontaniczność odgrywają kluczową rolę. Judoka reaguje elastycznie i spontanicznie na ruchy swoich partnerów. Te dwa elementy należą do ważnego treningu kreatywności. Zdolność krytyczna i autorefleksja promują rozwój twórczego ducha. Mistrzowie regularnie "krytykują" swoich uczniów w celu dalszego rozwoju. Ponadto motywują ich do dokonywania autorefleksji. Ponadto krytyka trenera otwiera drogę do zmiany perspektywy. W procesie twórczym zmiana perspektywy zawsze się opłaca. Dojo działa jako istotny czynnik wpływający na proces twórczego myślenia. Judoka czuje się komfortowo w tym środowisku. Temperatura w pomieszczeniu jest przyjemna. Światło nie jest zbyt jasne. Maty i lina wspinaczkowa pełnią rolę atrakcyjnego wyposażenia. Głośność i poziom hałasu w dojo są różne. Są chwile absolutnej ciszy i momenty, w których dominuje akceptowalna głośność. Ta ostatnia ma miejsce, gdy trenerzy uczą sztuki judo. Komunikacja jest również ważną siłą napędową kreatywnych pomysłów. Judoka wymienia się pomysłami podczas treningu. Skutkuje to nowymi wzorcami myślenia dla wszystkich uczestników. W ten sposób uczestnicy przełamują swoje zwykłe struktury myślowe. Odkrywają nowe sposoby. Z tych nowych sposobów powstają inne łańcuchy powiązań. Z tego powodu towarzysze judoki pełnią dla siebie rolę cennego wzbogacenia.

Kolejną zaletą osób spotykających się na treningu sztuk walki jest ich heterogeniczność. W dojo każdy jest równy, nikt nie czuje się gorszy ze względu na swoją pozycję lub pochodzenie. Niemniej jednak spotyka się wiele różnych osób. Te różne postacie stanowią dobrą mieszankę różnych umiejętności. Zawodnicy sztuk walki osiągają sukcesy w życiu zawodowym i prywatnym, ponieważ nie spotykają się wyłącznie z ludźmi należącymi do ich jednorodnej grupy. Łączy ich zainteresowanie sztukami walki.

9. Wzmocnij ducha poprzez trening sztuk walki

"Opróżnij umysł. Stań się bezkształtny, zawiły - jak woda. Kiedy wlewasz wodę do filiżanki, staje się filiżanką. Jeśli wlejesz wodę do czajnika, stanie się czajnikiem. Woda może płynąć i rozbić. Bądź wodą, przyjacielu."- Bruce Lee

Mistrz Aikido z dumą bada swoją salę treningową i cieszy się dużą liczbą zdyscyplinowanych i ambitnych uczniów. Aby zmotywować ich do regularnego uczestnictwa w treningu, wyjaśnia im głębsze znaczenie Aikido.

"Jak wiecie, podczas treningu praktykujemy trening umysłu. Co więcej, nasze techniki są zaprojektowane w taki sposób, że nawet w przypadku ataku nie wywołują ducha zemsty. Zamiast tego ćwiczymy regularny trening poruszającego umysłu. Wreszcie, wykonujemy techniki z pełną koncentracją i świadomością. To ty kontrolujesz swoje myśli. To jest prawie niemożliwe, aby trenować i jednocześnie odpłynąć z myślami. Podczas treningu jesteś obecny nie tylko fizycznie, ale także psychicznie. Co więcej, nie tylko twoje myśli i ruchy harmonizują ze sobą, ale także twój oddech. Nasze procesy koliste i spiralne są technikami obronnymi. Są one oparte na zasadach fizycznych. Używasz technik dźwigni, aby wchłonąć energię ataku. Następnie wzmacniasz technikę obrony własną energią. Korzystasz z naszych dwóch podstawowych zasad - Tenkan lub Irimi. W pierwszym odwracasz się od agresora, aby zharmonizować się z nim. W tym ostatnim współpracujesz z agresorem, przechodząc do jego ataku.

Jeśli przekierujesz energię ataku, wzmocnisz Ki

używając swojej siły oddechowej. To się nazywa kokyu w języku japońskim. Trening wymaga harmonijnego połączenia myśli, oddechu i ruchu. W ten sposób osiągniesz trening umysłu na najwyższym poziomie. Dzięki technikom Irimi lub Tenkan wzmacniasz swoje wewnętrzne ja. Na podstawie tego trening umysłu tworzysz własną obecność. W tej obecności jesteście zawsze obecni. Jesteście również wdzięczni za obecną chwilę. Łączysz wdzięczność ze skromnością i cieszysz się wewnętrznym spokojem. Jednak możesz opanować Irimi i Tenkan tylko wtedy, gdy powtarzasz je z wytrwałością. W ten sposób uczysz swój umysł wykazywania niezbędnej wytrwałości w dążeniu do celów. Cierpliwość, uczciwość i szacunek również wzmocnią i staną się integralną częścią twojego umysłu. Ponadto w dojo uczysz się opróżniać umysł w razie potrzeby i dostosowywać się do danej sytuacji życiowej jak woda. W ten sposób stajesz się wolny w swoim myśleniu, uczuciu, robieniu i byciu. Ta swoboda poprawia krążenie krwi i relaks fizyczny. Będziesz korzystać z lepszej jakości snu. Jest niezbędny dla silnego wewnętrznego bytu. Co więcej, ciało może być silne tylko wtedy, gdy to samo odnosi się do jego ducha. Wiesz, że słaby umysł powoduje fizyczne cierpienie. Te dwa elementy są nierozłączne. Wzmacniając nasze ciało podczas treningu, wzmacniamy również nasz umysł.

Nie możemy znaleźć wewnętrznego spokoju, jeśli zaniedbujemy nasze ciało. Nie kojarzę jednak silnego ciała z wysokim poziomem masy mięśniowej. Zamiast tego zwracam uwagę na świadomość ciała i elastyczność. Na koniec powinniście wiedzieć, że tylko nasz umysł ma moc zmiany naszego zachowania i naszego sztywnego sposobu myślenia. Pomyśl o konsekwencjach otwartego umysłu. Z drugiej strony przeanalizuj, jak zamknięty umysł wpływa na twoje codzienne życie.

Zamknięty umysł unika wyzwań i usprawiedliwia je swoją istotą. Otwarty umysł wierzy, że nie ma ograniczeń i może osiągnąć wszystko, czego pragnie. Zamknięty umysł użala się nad sobą, potępia życie jako niesprawiedliwe i uważa pieniądze za zło. Z drugiej strony otwarty umysł widzi siebie jako silną osobowość i ocenia możliwości finansowe jako niezbędne narzędzie do osiągania osobistych celów. Zamknięty umysł nie definiuje ani nie notuje swoich celów. Zamiast tego otwarty umysł zapisuje swoje cele, nieustannie pracuje nad ich osiągnięciem. Zamknięty umysł nie raduje się z sukcesu swoich bliźnich i uważa go za przerażający. Otwarty umysł wykorzystuje sukces innych jako inspirację i motywację. Zamknięty umysł uważa krytykę za obraźliwą i szybko poddaje się, gdy napotyka przeszkodę. Otwarty umysł traktuje krytykę jako konstruktywną informację zwrotną i wyciąga pouczające wnioski. Ponadto wyzwania są ważną motywacją do rozwoju. Zamknięty umysł myśli w kategoriach wielu zadań, że nie może sobie z nimi poradzić. Ponadto, zgodnie z własnym oświadczeniem, nie ma niezbędnych środków do osiągnięcia celu. Uważa się za frajera. Otwarty umysł uważa swój pomysł za wspaniały i zamierza go zrealizować, niezależnie od wyniku. Zamknięty umysł wierzy, że inteligencja jest niezmiennym talentem. Otwarty umysł wie, że jego "Mogę" jest ważniejsze niż iloraz inteligencji. Dlatego uczeni mają rację, gdy mówią, że jedyną rzeczą, która martwi nas na tym świecie, jest nasz własny umysł. Niesłusznie obwiniamy nasze otoczenie i bliźnich, kiedy wcale nie są winni. To nasz własny duch stoi nam na drodze. Dlatego trening umysłu odgrywa ważną rolę w sztukach walki. W końcu otwiera nam kilka sposobów na osiągnięcie naszych celów i skorzystanie z wewnętrznego spokoju."

10. Wzmocnij umysł łagodnie

"Naszym obowiązkiem jest dbanie o zdrowie naszego ciała. W przeciwnym razie nie możemy w ogóle wzmocnić naszego umysłu."- Budda

Jako mistrz judo nauczyciel poważnie traktuje swoje zadanie, którym jest przekazanie celów łagodnej drogi. Dlatego też wychodzi w założenia Jigoro Kano.

"Czy wiesz, że ojciec założyciel Judo rozwinął tę sztukę walki, aby delikatnie wzmocnić umysły swoich uczniów? Początkowo jego celem było stworzenie sztuki walki. Wzmocnienie ciała, z drugiej strony, odegrało niewielką rolę. Według mistrza judo trening służył zrównoważeniu siły fizycznej i umysłu. Termin umysł składa się z różnych znaczeń w wielu językach. Z jednej strony pomaga rozwiązywać problemy, rozumieć sytuacje, analizować pewne fakty i rozumieć bliźnich. Jednak w przeciwieństwie do rozumu, zrozumienie nie osądza. Dlatego dzisiaj intensywnie ćwiczymy rzucanie biodrami, o-Goshi. Wzmacnia twoją siłę psychiczną i fizyczną. W końcu, robiąc to, osiągniesz maksymalny efekt przy minimalnym wysiłku.

Celem jest wyprowadzenie Uke z równowagi. Aby to zrobić, należy zgiąć kolana. Pochylić się trochę. Umysł pomoże rozwiązać problem. Wiesz, że jedynym sposobem na niezrównoważenie partnera jest pochylenie się. Następnie ładuje się do biodra. O-Goshi wzmacnia mięśnie nóg i umysł. Jeśli wzmocnisz swój umysł, skorzystasz z wielu zalet w życiu codziennym. Jako psychicznie silne osobowości jesteś zawsze przyjazny. Jesteś również w stanie zastanowić się nad swoim zachowaniem. Opuszczasz swoją strefę komfortu. Bierzesz również odpowiedzialność za swoje przeszłe działania. Ludzie o silnych umysłach kontrolują swoje słowa i czyny. Rozprowadzają swoją energię w przemyślany sposób. Tak jak o-Goshi zmusza cię do zginania kolan, tak działasz w codziennym życiu. Działasz bardziej produktywnie, pobudzony treningiem judo. Otrzymacie czystą o-Goshi tylko wtedy, gdy będziecie ją praktykować wielokrotnie. Ta sama zasada odnosi się do twojego umysłu.

Dzięki praktyce rozwijasz mentalność zwaną "niepoddawaniem się". Trening uwalnia hormony szczęścia. Twój umysł je internalizuje. To sprawia, że jesteś szczęśliwy przez większość czasu. Fascynujące w Judo jest to, że pracujesz nad sobą we współpracy ze swoim partnerem podczas treningu. Dlatego też cieszycie się czasem w samotności. Nawet jeśli ćwiczyłeś rzut biodrem kilka razy, reagujesz inaczej na każdego partnera. Jesteś zmuszony do zmiany głębokości zgięcia kolana. Z tego powodu jesteś jedną z tych osób, które akceptują zmiany w życiu codziennym. Kiedy skupiacie się na O-Goshi, inwestujecie swoją energię w teraźniejszość. W ten sposób sumiennie przenosicie to do swoich codziennych czynności. I tylko ludzie z silnym umysłem są zadowoleni z sukcesu swoich bliźnich. Jesteś również gotów podjąć obliczone ryzyko. Słaby umysł nie toleruje opuszczania znanej strefy. Naszą sytuację życiową zawdzięczamy naszemu intelektowi. Następnie tworzy emocje, które przekształcają się w działania. Te z kolei tworzą nawyki. Jednak nie jesteś w stanie mieć zdrowego i silnego ciała, wzrastać ponad swoje granice, żyć szczęśliwym życiem lub budować pewności siebie, jeśli masz słaby umysł. To twoja najsilniejsza broń. Pomaga dostosować się do różnych sytuacji i rozwiązać problemy. Masz również silny umysł do dobrej pamięci i zdrowej pewności siebie. Rozważ rzut biodrowy O-Goshi jako intensywną sesję treningową dla Twojego umysłu.

11. Skupienie zwalcza irytujące rozpraszanie

"Skup się na możliwościach sukcesu, zamiast na potencjale porażki." - *Napoleon Hill*

Iaido jest sztuką walki, która ma swoje pochodzenie w Japonii. Tłumaczenie tego sportu to "sposób rysowania miecza". Zaletą tej sztuki walki jest skupienie się na sobie. Irytujące rozrywki, takie jak stały chwyt za telefon komórkowy lub mentalna dygresja w przeszłość, walczą z iaidoką regularnym treningiem. Podstawą treningu Iaido jest samopoznanie i dalszy rozwój. Katas tworzą fundamenty Iaidos. Ćwiczenia koncentrują się również na połączeniu miecza, umysłu i ciała. Mistrzowie przekazują wiadomość swoim uczniom, aby dążyli do opanowania sytuacji bez wyciągania miecza.

Ta filozofia może być bardzo korzystna w życiu codziennym na wiele sposobów. Jednak cel ten mogą osiągnąć tylko ci, którzy koncentrują się na szkoleniu przez kilka lat. Wolą dyscyplinę niż zabawę i rozrywkę. W Dojo iaidoka walczy z fikcyjnym napastnikiem. Kilkakrotnie uderzają mieczem w tego agresora. Tymczasem stosują przepisany rytuał. Kiedyś ta sztuka walki była strategia przetrwania. Zawodnicy zawsze dążyli do tego, aby być o krok przed napastnikiem podczas treningu. W międzyczasie jednak Iaidoka odkryli inne pozytywne skutki uboczne tej wymagającej sztuki walki. Przede wszystkim Iaido daje im wewnętrzny spokój. Następnie wzmacniają swoją koncentrację, samokontrolę i determinację. Są nie tylko całkowicie obecne w treningu, ale także we wszystkich codziennych sytuacjach. Ponadto tworzą swój charakter i osobowość. Podczas Katas uświadamiają sobie jedno: zawsze jest wróg, którego

Chcą pokonać. To jest ich ego.

Iaidoka buduje silny układ mięśniowy, walcząc z wrodzonym ludzkim lenistwem. Analogicznie do tego wzmacniają swoją osobowość. Poprzez intensywny trening pracują nad swoją szybkością, co wymaga od nich spojrzenia na przeciwną duszę. Ich celem jest rozpoznanie jego intencji na czas. Dopiero w momencie, gdy zdają sobie sprawę z intencji napastnika, wyciągają Broń. Iaidoka praktykować tę sztukę walki prawie całe życie, ponieważ miecz łączy ich umysł i ciało. Jednak osiągają ten cel tylko wtedy, gdy koncentrują się na odpowiedniej sytuacji we wszystkich sytuacjach życiowych i nie pozwalają sobie na rozproszenie. Kucharz nie przygotowuje udanego dania, jeśli nie koncentruje się na procesie gotowania. Jeśli jego umysł nie jest obecny, jego fizyczna obecność w kuchni jest mało przydatna. Z wysokim stopniem pewności jedzenie spali się lub nie będzie smakować z jakiegoś innego powodu. Podczas treningu Iaido zawodnicy internują nieopisany spokój. Przenoszą to później do swoich codziennych zadań. Jako studenci nie pozwalają się denerwować stresem związanym z egzaminami. Zamiast tego skupiają się na pytaniach. Jako doradcy klienta nie pozwalają, aby ich skargi ich zdenerwowały, ponieważ są w nich spokojni. Jako nauczyciele zawsze zachowują spokój, nawet z buntowniczymi uczniami. Iaidoka nie będzie się przejmował niczym ani nikim, ponieważ dzięki wieloletniemu szkoleniu stało się to dla niego drugą naturą. Najwyższym celem Iaido jest w języku japońskim "Saya no uchi no kachi saya" i oznacza osiągnięcie zwycięstwa bez użycia miecza.

12. Determinacja wzmacnia wytrzymałość

"Determinacja jest jednym z podstawowych warunków sukcesu w życiu, bez względu na to, do którego celu dążysz". - John D. Rockefeller II.

Jako judoka masz na myśli pewien cel. To właśnie ta jednomyślność wzmacnia twoją wytrzymałość. Niektórzy trenują, ponieważ chcą zostać mistrzami judo, aby przekazać wartości łagodnej drogi przyszłym pokoleniom. Inni ćwiczą Judo, aby stać się spokojniejszym, bardziej zrównoważonym i lepszą wersją siebie. Twoje motywy nie zawsze są takie same, ale twoja determinacja wzmacnia twoją wytrzymałość. Judo opiera się na stałym kontakcie fizycznym. Nosząc Uke na plecach, utrzymujesz stały kontakt z ciałem partnera. Używasz wszystkich zmysłów i kontroli ciała, aby uniknąć obrażeń.

Jednak tylko ci, którzy ambitnie dążą do celu, zostaną ogłoszeni dan-carriers. Każdy z was doświadczył faz podczas swojej kariery sztuk walki, w których postępował mniej szybko i był bliski zadania. Na szczęście twoja determinacja uniemożliwiła ci to. Jako judoka uczysz się tego w pierwszej lekcji. Wytrwałość jest tajemnicą sukcesu. W końcu nie opanowałeś doskonale spadających ćwiczeń w swojej pierwszej sesji treningowej. Ale byłeś świadomy, że musisz wytrwać, aby szybko nauczyć się technik rzucania. Determinacja, aby lepiej spaść w następnym treningu, zrobić jeszcze jedną pompkę i dziesięć kolejnych brzuszków motywowała cię do wytrwałości. Swoją wytrzymałość zawdzięczasz jednak nie tylko celom, ale także treningowi. To wzmacnia twoją pewność siebie. Twoja wytrzymałość, którą zdobywasz w dojo, opłaca się w życiu prywatnym i zawodowym.

Jako uczniowie, stażyści i studenci od czasu do czasu doświadczacie braku motywacji. Jednak ponieważ dążycie do ukończenia szkoły średniej, wytrwacie, nawet jeśli nękają was liczne fazy bez motywacji. Wasz duch walki, który ożywiacie poprzez sztukę judo, pomaga w kontynuowaniu. Niemniej jednak konkretny cel, taki jak następne zakończenie, nie wystarczy, aby się utrzymać. Zamiast tego zawsze powinniście zadać sobie pytanie, dlaczego warto kontynuować. Jeśli regularnie wizualizujecie swoje marzenie o pierwszym Dan, osiągniecie pewien rodzaj motywacji. To jest to, co regularnie budujecie tutaj w treningu Judo. Zaczyna się w pierwszej lekcji, gdy tylko zaczniecie od ćwiczeń jesiennych. W naszym Randoris celem nie jest przegranie walki, ale jeśli tak się stanie, zyskacie znacznie więcej na porażce. Jest to mała wpadka, która jest częścią treningu i codziennego życia, ale także ważną częścią wytrwałości.

Aby osiągnąć swój cel, macie idealną okazję do nauki od swoich kolegów judo, którzy są bardziej doświadczeni. Udzielą pomocnych porad, które motywują do niepoddawania się. Trenujecie dla siebie i nadal macie wsparcie drugiego judoki. Innym ważnym szczegółem, który wzmacnia wytrwałość i wytrzymałość, jest zdolność do życia w teraźniejszości. Sztuka judoki uczy tego aspektu w każdej technice. W przeciwnym razie nie bylibyście w stanie zostać odnoszącym sukcesy judoką. Dlatego determinacja jest ważnym czynnikiem dla wytrzymałości.

13. Siła samodyscypliny

"Nie musisz być mądrzejszy od reszty, musisz być bardziej zdyscyplinowany."- Warren Buffet

Sztuki walki wymagają trzech cech od nauczycieli i uczniów. Są to dyscyplina, gorliwość i szacunek. Jim Rohn podsumował to stwierdzeniem, że dyscyplina jest mostem między celem a jego realizacją. Co więcej, zawodnicy sztuk walki wolą uczyć się na bólu dyscypliny w swoich treningach, niż cierpieć pod ciężarem żalu. Dyscyplina zabiera ludzi daleko. Ci, którzy polegają wyłącznie na motywacji, nigdy nie równają się ze zdyscyplinowanymi jednostkami. Dyscyplina zaczyna się od momentu zaniku motywacji. Sztuki walki wymagają wysokiego stopnia dyscypliny od uczestników, ponieważ wszystkie rodzaje i odmiany są ruchami, których ludzie nie wykonują w życiu codziennym. Trenerzy sztuk walki codziennie motywują swoich uczniów do czerpania przyjemności z dyscypliny. Dlatego nalegają na obowiązek obecności. Trenerzy sztuk walki motywują swoich uczniów do kontynuowania nauki, nawet jeśli są przekonani, że osiągnęli już swoje granice.

Jest lato. W dojo jest cieplej niż na zewnątrz. Dlatego trener otworzył okna, aby poprawić jakość powietrza. Jak zwykle trening rozpoczął się od lekkiej gimnastyki. To rozluźnia mięśnie i zapobiega urazom. Z powodu upału nauczyciel widzi, jak jego uczniowie walczą, aby nadążyć za nim. Jednak zna moc słów. Starannie dobiera słowa, aby motywacja uczniów nie malała.

"Fakt, że uczestniczycie dziś w treningach, mimo wysokich letnich temperatur w piątek wieczorem, przemawia za wami. Wasza obecność oznacza nie tylko motywację, ale także dyscyplinę, która jest niezbędna we wszystkich sztukach walki. Bez tej cechy wojownicy ani nie zdają egzaminu pasowego, ani nie zostają dan-carriers. Jako trener mogę powiedzieć, że nie zawsze byłem zmotywowany. Jednak moja dyscyplina pomogła mi iść dalej. Jest to pomost między moim celem a jego realizacją. Jako mały chłopiec marzyłem o pierwszym danie. To był mój cel. W tym celu chodziłem do dojo cztery razy w tygodniu po dwie godziny za każdym razem. Wolałem trening i bez wysiłku oparłem się wszelkim pokusom.

Po gimnastyce zrobiłem 40 pompek. Są niezastąpione dla nas sztuk walki. Wzmacniają nasze ciała. Jako trener daje dobry przykład. Po 25 pompkach część uczestników chce się poddać. Leżą na brzuchu. Oczywiście nauczyciel interweniuje i motywuje swoich uczniów.

"Nie poddawajcie się. Możemy zrobić 40 pompek razem. Trenujecie wystarczająco długo, aby opanować to ćwiczenie przy niewielkim wysiłku. Poza tym, będzie lepiej tylko wtedy, gdy będziecie kontynuować, nawet jeśli jesteście mocno przekonani, że osiągneliście swoje granice. Jest tylko 15, 14, 13... 1. widzicie, zrobiliście wszystkie 40 pompek bez wyjątku, ponieważ chociaż nie jesteście zmotywowani, jesteście zdyscyplinowani. Tak jak wasza samodyscyplina pomaga wam w sztukach walki, tak również pomaga w codziennym życiu zbliżyć się nieco do swoich celów. Jaka jest różnica między studentem, który kończy studia, a tym, który je anuluje? - To ich odmienne poglądy na pojęcie dyscypliny. Dlaczego niektórzy ludzie wykonują swoją pracę doskonale, podczas gdy inni nadal pracują, aby osiągnąć lepszy wynik? Ponieważ ten pierwszy jest nie tylko bardziej zmotywowany, ale także bardziej zdyscyplinowany.

Wykonują swoją pracę tak dobrze, jak to możliwe, nawet jeśli nie zawsze mają na to ochotę. Dyscyplina jest nie tylko jedną z niezbędnych cech odnoszącego sukcesy artysty walki, ale także jedną z cech aspirującej osoby. Spójrzcie na biografie ludzi, którzy zmienili ten świat w pozytywnym sensie. Zobaczycie, jak zdyscyplinowani byli. Stawiali sobie wysokie cele i uważali ich osiągnięcie za priorytet. Zdyscyplinowani ludzie różnią się od niezdyscyplinowanych ludzi swoją nieustającą wolą, godną podziwu pracowitością i silną wytrwałością. W życiu zawodowym i osobistym osiąga się swoje cele poprzez dyscyplinę. Tak jak staje się dan-carrierem tylko wtedy, gdy uczestniczy się w treningu w zdyscyplinowany sposób. To samo dotyczy waszych prywatnych i zawodowych celów. Osiągniecie je tylko wtedy, gdy pojęcie dyscypliny stanie się dla was drugą naturą.

Ludzie sukcesu nie są mądrzejsi, ale bardziej zdyscyplinowani niż ich konkurenci. Oceniają, czy udział w sporcie opłaca się bardziej niż marnowanie czasu. Oceniają, czy książka instruktażowa oferuje więcej informacji niż telewizor. Oceniają, czy naprawdę nie mają czasu na przygotowanie posiłku, czy też dlatego, że są leniwi. Zdyscyplinowani ludzie charakteryzują się ascezą na wszystkich poziomach ich życia. Jeśli macie samodyscyplinę, rozwijacie większą pewność siebie. W ten sposób dowiesz się, co uniemożliwia ci realizację planów. Różne czynniki zewnętrzne, takie jak twoi bliscy i twoja opinia na ich komentarze, odgrywają ważną rolę jako czynniki destrukcyjne. Dlaczego niektórzy ludzie uprawiają sport, a inni nie? Pięć godzin tygodniowo wystarczy, aby utrzymać dobre zdrowie. Ci, którzy tego nie robią, oczekują większych korzyści z innych działań.

Zapominają jednak, że jest to krótkotrwałe. Jako sztuk walki wiesz, że samodyscyplina jest niezbędna, aby zdać egzamin do następnego stopnia Kyu lub Dan.

Zdyscyplinowani ludzie wybierają pouczające seminaria zamiast rozrywki, która nie oferuje im żadnej wartości dodanej. Zdyscyplinowani ludzie wolą programy dokumentalne od programów telewizyjnych, z których nie biorą niczego edukacyjnego. Zdyscyplinowani ludzie uprawiają sport zamiast rezygnować z pysznego jedzenia. Zdyscyplinowani ludzie podejmują niewygodną, a nie wygodną trasę. Zdyscyplinowani ludzie uczą się na stałe i nie ulegają pokusie zabawy. Zdyscyplinowani ludzie wyznaczają sobie długoterminowe cele, zamiast rozpraszać się krótkoterminowymi pragnieniami. Ich opanowanemu sposobowi myślenia towarzyszy wewnętrzny spokój, który jest jednym z bezcennych dóbr luksusowych każdego człowieka. Samodyscyplina reprezentuje inny rodzaj miłości własnej. Wyzwaniem jest wyrzeczenie się krótkotrwałej przyjemności, aby pewnego dnia cieszyć się owocami samodyscypliny."

14. Wzmocnienie pewności siebie i poczucia własnej wartości

"Karate-do jest miękkie i płynące jak woda, szybkie i potężne jak wiatr, oczyszczające jak ogień, trwałe jak ziemia i relaksujące jak wielka pustka."- Gichin Funakoshi

Karate-Do to dobry sposób na wzmocnienie poczucia własnej wartości i pewności siebie. Pewność siebie oznacza świadomość swojej siły, a także własnej wartości. Pewni siebie karatecy znają swoje umiejętności, które nabyli dzięki swojej pracowitości. Podczas treningu człowiek się poci. Podejmuje również fizyczne i umysłowe wysiłki, aby wytrwać. Połączenie tych aspektów wzmacnia poczucie własnej wartości. Nawet gdy trenujemy w grupie i wykonujemy ćwiczenia partnerskie, jest się zmuszonym zajrzeć do wnętrza siebie. Silna pewność siebie, którą rozwijana jest dzięki treningowi karate, nie jest gwarancją pożądanego sukcesu. Jednak Katy, techniki i ćwiczenia dają niezbędną siłę psychiczną i fizyczną, aby z determinacją stawić czoła każdemu wyzwaniu w życiu. Ludzie, którzy cierpią z powodu braku poczucia własnej wartości, zawsze obwiniają swoje środowisko za niepowodzenie. Odgrywa drugorzędną rolę, niezależnie od tego, czy jest to niezadowolenie w pracy, w szkole, czy w relacjach międzyludzkich. W treningu karate wzmacniasz swoją samoocenę i zaglądasz w siebie. Na korytarzu nie winisz swoich towarzyszy za porażkę. Jeśli nie wykonasz poprawnie rzutu Mae-Geri, nie mów, że ja, jako trener, jestem odpowiedzialny. Zamiast tego zdajesz sobie sprawę, że musisz ćwiczyć więcej, będziesz wykonywać ćwiczenia siłowe i koncentracyjne. Przysiady wzmacniają mięśnie nóg, co pozwoli na wykonanie odpowiedniego Mae-Geri po pewnym czasie. Nauczysz się zmieniać swój pogląd i podejście. Co więcej, wzmacniasz swoją pewność siebie. Nie oczekuj, że twój przełożony, twój partner lub twoi przyjaciele się zmienią. Zamiast tego dostosuj się do odpowiednich osób i sytuacji.

Poprzez ten ważny proces identyfikujesz przyczyny swojego cierpienia i braku poczucia własnej wartości. Proces składa się z trzech etapów rozpoznawania, akceptowania i odpuszczania. By iść do przodu, używasz ścieżki karate. Gichin Funakoshi ujął to w skrócie mówiąc, że Karate-Do dostosowuje się do sytuacji. Jeśli okoliczności tego wymagają, zachowuj się jak woda. Dostosujcie się do sytuacji. Jeśli masz poczucie, że twoje otoczenie traktuje cię niesprawiedliwie, nie szukaj błędów u innych, ale wejdź w siebie. Zmień perspektywę. Bądź jak woda, która zawsze dostosowuje się do naczynia, w którym się znajduje.

Jeśli musisz zdać egzamin pisemny, aby uzyskać stopień, bądź tak szybki i silny jak wiatr w tym czasie. Nie wychodź z egzaminu i nie narzekaj, że nie miałeś wystarczająco dużo czasu. Zamiast tego ćwicz odpowiadanie na pytania w domu. Jeśli negatywne myśli nie puszczają Cię, szukaj ich pochodzenia w sobie. Więc zaakceptujesz je, zanim je puścisz. Możesz użyć Makiwary i ćwiczyć pięści. Z każdym uderzeniem możesz sobie wyobrazić, jak wypędzasz negatywne myśli z umysłu. Ta technika pomoże ci oczyścić się, tak jak ogień spala wiele zanieczyszczeń. Kiedy wyznaczasz sobie cele, konsekwentnie je realizuj. Sprostaj wyzwaniom dnia codziennego w relaksujący sposób. Tak więc sposób Karate może pomóc wzmocnić poczucie własnej wartości na wiele sposobów. Tak jak umacniasz swoją pewność siebie każdym uderzeniem w radę mądrości. Z każdym uderzeniem w Makiwarę nie tylko poprawiasz swoją siłę uderzenia, ale także poziom pewności siebie.

15. Samokontrola zachowuje wewnętrzny spokój

"W samokontroli tkwi największa siła." - James Russell

"Dlaczego my, jako karatecy, uczymy się walczyć z pustymi rękami bez użycia broni?"

"Aby osiągnąć pożądany sukces w zawodach i być w stanie bronić się w nagłych wypadkach " - to standardowa odpowiedź nowicjuszy.

Doświadczony karateka natomiast odpowiada:

"Abyśmy mogli walczyć ze złem w nas i kontrolować siebie w sytuacjach krytycznych. Moim celem jest nauczenie cię by zwracać uwagę na najcichszą osobę w pokoju, a nie na najgłośniejszą. Ci ludzie należą do tych, którzy znają termin samokontrola nie tylko w teorii. Używają go w praktyce. Aby zachować spokój w napiętych sytuacjach i nie stracić panowania nad sobą, pozwól swojemu umysłowi znaleźć rozsądne rozwiązanie.

Samokontrola symbolizuje pewność siebie w danej sytuacji. Niebezpieczeństwo nadmiernej reakcji maleje z czasem. Zamiast tego poddajesz się chwili, nie tracąc panowania nad sobą. Nauczysz się kontrolować swoje impulsy. Skutkuje to korzyściami, które wykorzystujesz na swoją korzyść. Kiedy już opanujesz swoje uczucia, kontrolujesz konsumpcję. Kierujesz swoje niepokojące uczucia, takie jak gniew, wściekłość, zazdrość, uraza lub nienawiść. Likwidujesz również nałogi i zmniejszasz bezsensowne spożycie zbędnych kalorii. Wreszcie, dzięki samokontroli, zdobywasz nowe umiejętności. Z wybranymi technikami podkreślam trening kontroli emocjonalnej, ponieważ jest to ważniejsze niż iloraz inteligencji.

To, co próbuję powiedzieć, odnosi się do uczniów pośród was. Jeśli możesz obejść się bez imprez lub nic nie robić, a zamiast tego zająć się materiałem wykładowym, zdasz egzaminy w bieżącym semestrze. Wysokie IQ jest mało przydatne dla Ciebie, jeśli ulegasz swoim uczuciom, takim jak potrzeba zabawy. Dlatego Twoja siła woli, wytrzymałość i samokontrola zadecydują o Twoim sukcesie. Ten ostatni działa jak mięsień. Jeśli zaniedbasz jego regularny trening, zanika analogicznie do mięśni ramienia, nogi i brzucha.

Zawsze należy pamiętać, że apodyktyczne uczucie bycia pod kontrolą sprawia, że jeszcze bardziej podatne na pokusy. W końcu, pomimo regularnego treningu, samokontrola zamienia się w pychę. Dlatego teraz ćwiczymy kopnięcie do przodu na Makiwarze, pazurach i worku z piaskiem. Jeśli ćwiczysz te techniki na sprzęcie, poszerzysz swoje granice samokontroli. Niektórzy ludzie znudzą się tą częścią treningu, dlatego chcę, abyś wykonał ćwiczenie i tak w końcu skorzystasz z ulepszonej mocy i techniki pedałowania. Będziesz mógł lepiej ocenić swój dystans. Możesz go użyć w walce. Ponadto dzięki makiwarze nauczysz się lepiej kontrolować ciosy krawędziowe dłoni, ciosy pięściami i kopnięcia. Tak więc rada mądrości działa jako przedmiot w momencie, gdy największe napięcie występuje jako wsparcie, aby pozbyć się negatywnej energii. To urządzenie nie tylko tworzy świadomość karate, ale także samokontroli. Podczas treningu stymulujesz swoje narządy wewnętrzne i stymulujesz krążenie witalne. Ta sama reakcja zachodzi w twoim ciele w momencie samokontroli.

Ludzie, którzy reagują impulsywnie w trudnych sytuacjach niepotrzebnie podnoszą ciśnienie krwi i poziom cukru we krwi. Na dłuższą metę powoduje to choroby. To samo odnosi się do tych, którzy poddają się popędom i pragnieniom poprzez konsumpcję bez potrzeby posiadania dóbr konsumpcyjnych. Dzięki samokontroli nie podniesiesz poziomu cukru we krwi ani nie poczynisz niepotrzebnych strat finansowych. Te aspekty przyczyniają się do wewnętrznego spokoju. Dlatego rozważ trening Ara jako wzbogacenie swojej osobowości. I pamiętaj, że samokontrola w życiu społecznym wyraża się poprzez ciszę, chociaż przez krótki czas gotujesz się z wściekłości w środku.

16. Szacunek jest niezastąpioną cechą charakteru

"W braku szacunku spotyka się arogancja i ignorancja." - Peter E. Schumacher

"Shomen ni rei. Sensei ni rei. Otagani ni rei."

Z tym japońskim pozdrowieniem rozpoczyna się trening karate. Słowa te oznaczają wdzięczność i szacunek, jakie Karateka czuje do siebie nawzajem. W klubie sztuk walki uczniowie cieszą się intensywnym treningiem o szacunek. Nauczyciele sztuk walki, ze względu na swoją aktywność, prawidłowo oceniają pod tym względem swoich uczniów. Wiedzą, który karateka już internalizował pełną szacunku współpracę, a który musi jeszcze działać.

Dlatego mistrz zachęca swoich uczniów, którzy są posiadaczami żółtych pasów, do ćwiczeń z początkującym. Natychmiast pierwszy narzeka na słowa

"Tak, ale jeśli będę ćwiczył z początkującym, niczego się nie nauczę i nie będę zbliżał się do mojego celu, czarnego pasa."

"Nasze powitanie, zwłaszcza określenie "Rei", oznacza szacunek i wdzięczność. W pierwszej kolejności okazujemy szacunek naszym sportowym towarzyszom i bliźnim. To samo odnosi się do ludzi, których jesteś przekonany, że są pod tobą. W sztukach walki jest to towarzysz, który ma obecnie niższą rangę niż ty. Ja, jako trener, również Cię szanuję. A może protekcjonalnie pytam, czy zależy mi na opinii osoby noszącej Kyu?"

Po tej naganie pośpieszny uczeń wygląda na zaniepokojonego. Myśląc o jego słowach i zdając sobie sprawę, że jego język działa szybciej niż jego umysł, czuje się podwójnie zawstydzony.

"Najwięcej się uczysz, gdy jako karateka uczysz towarzysza technik, które opanowałeś. Dla mnie wszyscy jesteście tacy sami. Nie interesuje mnie twój status społeczny, jaki masz zawód lub do jakiej szkoły uczęszczasz. Dla mnie liczy się to, czy zinternalizowałeś cechy sztuk walki. Szacunek, samodyscyplina i gorliwość to nazwa tych wartości. Nieważne jak wykształcony, utalentowany, bogaty czy fajny jesteś. Twój szacunek dla bliźnich mówi o tobie wszystko. Odnosi się to do sposobu, w jaki traktujesz swoich bliźnich zarówno w dojo, jak i w życiu codziennym. Spotkaj ich z uważnością. Wyjaśniłem wam już w "mocy chwili", jak ważna jest obecność. Uważność pomaga otworzyć się na innych ludzi i nowe wartości. Uwolni cię od twojej przeszłości. Żyjesz teraźniejszością. W ten sposób okazujesz szacunek i uznanie swojemu odpowiednikowi.

W Karate pokażę ci jak ważny jest szacunek dla twoich sportowych kolegów. Byłbym zadowolony, gdyby pan również zastosował ten szacunek w swoim czasie zawodowym i prywatnym. Wyróżnij się pozytywnie od innych, którzy uważają brak szacunku za siłę. Łączy nas sztuka walki i szacunek. Doceniam was wszystkich, czy młodzi lub starsi, czy naukowcy lub pracownicy, czy student lub emeryt, czy początkujący lub zaawansowany, nie ma dla mnie znaczenia.

Pamiętacie, dlaczego kłaniamy się przed rozpoczęciem treningu, przy wejściu do dojo i przed rozpoczęciem ćwiczeń naszych partnerów? Ten gest symbolizuje szacunek. Jako trener kłaniam się tak nisko jak ty. Ponadto cechy artysty walki są Zjednoczone. Pełne szacunku osobowości charakteryzują się wysokim stopniem samodyscypliny i gorliwości. Jeśli zachowujesz się lekceważąco wobec swoich bliźnich, udowadniasz, że jesteś ignorantem i arogantem. Dodaję głupotę do tego zachowania. W niektórych kulturach brak szacunku jest jak utrata twarzy. Inni opuszczają pokój bez słów, gdy występuje brak szacunku. Staraj się szanować ludzi, którzy według Ciebie na to nie zasługują. Twoje uprzejme i pełne szacunku zachowanie mówi o tobie wszystko. Jesteś karateką. Dlatego szanuj wszystko i wszystkich. Zaczynasz i kończysz wszystko, co robisz z szacunkiem. "To jest lepsza broń."

17. Gorliwość działa jak mile widziany towarzysz codzienności

"Wszystko, co zaatakujesz z prawdziwą gorliwością, powiedzie się." - *Samuel Smiles*

Gorliwość jest cnotą, która zbliża się do pojęć energii, pasji i wytrwałości. Przeciwieństwem tej cnoty jest brak napędu, wad, bezwładności i zawodności. Osoby, które mają pierwszą cechę, działają pilnie w życiu zawodowym i prywatnym. Są niezawodne i trwałe. W sztukach walki zapał jest jedną z nieodzownych cnót trenera i ucznia. Ci, którzy ani chętnie, ani regularnie nie uczęszczają do szkoły sztuk walki, nie staną się dan-carrierami.

We wszystkich sztukach walki gorliwość odgrywa ważną rolę. Symbolizuje poważny wysiłek dążenia do celu. Reprezentuje również entuzjazm dla pewnej sprawy. Instruktorzy sztuk walki idą o krok dalej i twierdzą, że gorliwość to energia, z jaką trenujący dążą do celu. Według nich gorliwość uwalnia energię. Nie oznaczają one jednak nadgorliwości czy ślepej gorliwości. Osoby trenujące sztuki walki nie tylko wykonują swoje techniki w zdyscyplinowany, skoncentrowany i potężny sposób, ale także chętnie. Dodatkowo zapał wymaga inteligentnego działania. Trener judo i karate, który uczy obu sztuk walki, stara się uczyć swoich uczniów dobrodziejstw zapału. Za jego gorliwością kryje się również pasja. Przyjaciele i współpracownicy szydzą z trenera, gdy ten łączy pojęcia "pasja" i "sztuki walki". Większość uważa, że pasja istnieje tylko między ludźmi. Ale mistrz, który wykonuje techniki z uczuciem i energią, udowadnia przeciwieństwo swoich uczniów. Dziś odbywa się szkolenie dla początkujących. Są to studenci, którzy trenują od dwóch miesięcy. Dzięki nim motywacja szybko maleje od czasu do czasu. Dlatego zadaniem trenera jest uświadomienie mu korzyści płynących z entuzjazmu.

Podczas rozgrzewki wykonują ćwiczenia rozciągające. Jednak niektórzy uczestnicy nie są rozluźnieni. W pozycji siedzącej, w której rozprostowują nogi, nie mogą zgiąć całej górnej części ciała, aby położyć głowę na kolanach. Trener, który doskonale opanuje te ćwiczenia, widzi ich frustrację. Jeden z uczniów wyraża swoje myśli na głos.

"Staram się, a jednak nie jestem w stanie wykonać tego ćwiczenia z powodzeniem."

"W głębi swojej istoty, jako zawodnik sztuk walki, masz moc i energię. Przez lata obserwowałem wielu uczniów i Wiem, że po wielu ćwiczeniach doskonale wykonują to rozciąganie. Jest to powierzchowny poziom, z którego wypływa frustracja. Nie czujesz tej szczególnej formy energii, która w przeciwnym razie przepływa przez krew sztuk walki. Twoje umiejętności rosną z każdym treningiem. Nieświadomie podążasz za wymaganymi technikami z zapałem. Oczywiście, to ma swoje granice. Powinieneś uzupełnić swój zapał skromnością i opanowaniem. Zacząłeś jednak z zapałem i z zapałem trwa. Nawet jeśli ćwiczenie rozciągające jest dla ciebie wyczerpujące. Kontynuujmy z pomocnikami.

Dla początkujących to wielkie wyzwanie. To zajmuje im trochę czasu, aby dowiedzieć się, jak aktywować wszystkie mięśnie ich ciała. Kopnięcie, jak uderzenie pięścią, pochodzi nie tylko z siły stopy lub pięści, ale z całego ciała. Uczniowie, którzy ożywiają swoją wytrzymałość, zapał i entuzjazm, odkrywają, jak wiele radości mają w uprawianiu swoich sztuk walki. Wzmacniają swoją gorliwość poprzez praktykowanie technik, które wymagają od nich stawania się lepszymi. Aby korzyści płynące z gorliwości dla swoich uczniów były przyjemne, wyjaśnia im, dlaczego gorliwość jest dobrym towarzyszem w dążeniu do celu.

"Mistrzowie sztuk walki stali się mistrzami tylko z jednego powodu. Ciężko pracowali, aby osiągnąć swój cel ponadto zawsze starali się wykonywać swoje techniki lepiej niż w poprzednim treningu. I nie konkurowali z żadną inną istotą ludzką, z wyjątkiem ich ego. Nawiasem mówiąc, odnosi się to do wszystkich czynności, które wykonujesz w życiu codziennym. Jeśli zrobisz to z zapałem, osiągniesz swój cel. Chcesz zdać test? - Chętnie internalizuj treść i nic nie stanie na drodze do twojego celu. Chcesz nauczyć się języka obcego? - Ucz się słownictwa chętnie każdego dnia, a opanujesz wymagane minimum 600 słów w krótkim czasie. Chcesz awansować w swojej karierze? - Więc staraj się każdego dnia być trochę lepszy niż dzień wcześniej. Chcesz jeść zdrowiej? - Następnie chętnie i stopniowo eliminuj gotowe posiłki zawierające dodatki. Nie ma znaczenia, jaki jest twój cel. Ważne jest, abyś robił to pilnie. Tego potrzebujesz w sztukach walki. W życiu codziennym zapał jest cennym sługą. "

18. Lina do sukcesu

"Nie ma windy do sukcesu, trzeba iść schodami." - Emil Oesch

Pod koniec regularnego treningu Judo wszyscy trenujący wykonują wymagające ćwiczenia. Wspinają się na linie o długości około sześciu metrów i zwisają z sufitu hali. Celem jest dotknięcie sufitu dojo dłonią jednej ręki. Tylko ci, którzy wspinają się po linie, wykonują to zadanie. Każdy, kto zrezygnuje wcześniej, nie zaliczy.

Nie ma wygodniejszego, łatwiejszego lub szybszego sposobu na ukończenie tego ostatniego ćwiczenia. Doświadczeni trenerzy Judo świadomie zapisują to ćwiczenie na koniec treningu. W tym momencie wszystkie mięśnie są nie tylko rozgrzane, ale także rozciągnięte. Zmniejsza to ryzyko obrażeń do minimum. Podczas gdy uczniowie judo wspinają się po linie, zarówno ich ciało, jak i umysł wykonują godną podziwu pracę. Te pierwsze wywierają ogromną siłę fizyczną, aby dotrzeć do sufitu dojo. W końcu ta jednostka treningowa jest ćwiczeniem przeciwko grawitacji. Podczas gdy umysł zawsze przekonuje judoka do wspinania się po linie. W związku z tym, martial artyści używać specjalnej techniki, aby dostać się na szczyt. Podczas gdy naprzemiennie podciągają się ramionami do liny, zaciskają ją między stopami. W ten sposób ślizgają się delikatnie w górę i poruszają się do przodu z podeszwami stóp. Zmotywowany Judoka prędzej czy później opanuje to wymagające ćwiczenie. Pokonują zarówno siebie, jak i wrodzone lenistwo ludzkiego ciała. Rzuty Judo i związane z nimi techniki wymagają od trenującego rzucania przeciwnikami o równej lub większej wadze na ziemię. Z tego powodu judoka podciąga własny ciężar na linie.

W tym ćwiczeniu trenerzy uważnie obserwują swoich uczniów. Długoletni Judoka podciągają się tylko rękoma. Podczas oglądania mistrz odkrywa, że jeden z jego gorliwych uczniów jest dziś bezsilny. Bierze go na bok i pyta dlaczego. Podczas gdy jego uczeń odpowiada, że otrzymał złą ocenę, mistrz zastanawia się, w jaki sposób może nauczyć go zalet sztuki judo, które również pomogą mu w nauce. Student skarży się, że praca była po prostu zbyt ciężka. Wewnątrz trener walczy z uśmiechem, zanim zaczyna wyjaśniać.

"Praca nie była zbyt ciężka. Nie przygotowałeś się wystarczająco dobrze do tego egzaminu. Jeśli ktoś studiuje i rozumie przedmiot, nie będzie miał problemu z egzaminem. A ci, którzy się nie uczą, nie dostają dobrych ocen na prostym egzaminie. W Judo ćwiczysz rzut O-Goshi wielokrotnie i nigdy nie narzekasz, że jest to zbyt trudne. To dlatego, że ciągle to ćwiczysz. To samo zrobisz ze swoim materiałem szkolnym w przyszłości. Ćwicz, ćwicz i jeszcze raz ćwicz. Jesteśmy wojownikami, nie męczennikami. Wspinaczka linowa koresponduje z wieloma klasycznymi codziennymi sytuacjami, z którymi spotykamy się my, ludzie. W życiu dojdziemy do czegoś tylko wtedy, gdy włożymy w to ogromną ilość siły i energii. Ale dążenie do celu nie zawsze polega na fizycznej sile mięśni. Zamiast tego potrzebna jest siła psychiczna. Studenci i uczniowie, którzy zdają egzamin śpiewająco, szkolili się w wolnym czasie. Rozwiązywali zadania i zajmowali się tematyką mentalnie. Praktykanci, którzy chcą utrzymać się w swoim przyszłym zawodzie, wkładają wiele wysiłku w okresie szkolenia, aby uzyskać stopień naukowy. Dziennikarze piszą liczne teksty jeszcze przed rozpoczęciem pracy. Lekarze symulują interwencje chirurgiczne podczas studiów medycznych, zanim wykonają je na swoich pacjentach. Architekci budują liczne domy modelowe przed zaprojektowaniem prawdziwych budynków. Praktykanci fryzjerscy najpierw tworzą fryzury na lalkach, zanim wyczarują pożądaną fryzurę swoich klientów. Podczas praktyki kucharze przygotowują przykładowe Dania, zanim przyrządzą posiłki w renomowanej restauracji. Wszystkie podane przeze mnie przykłady wymagają od uczniów wykonania kilku powtórzeń i ćwiczeń, które są jak męczące wspinanie się po linie. Jedyna różnica polega na prawidłowym wykorzystaniu mięśni. We wspinaczce linowej wykorzystujesz swoją siłę fizyczną. Nabywając wiedzę polegasz jednak na swojej sile psychicznej i wytrzymałości. Podczas badania aktywny jest mięsień zwany mózgiem. Emil Oesch ujął to w skrócie, kiedy zdał sobie sprawę, jak ważne jest wchodzenie i schodzenie po schodach dla ludzi głodnych sukcesu. Według niego ci ludzie nie jeżdżą windą.

Judoka, wychodząc z zawodów jako zwycięzca, pokonuje przeciwnika dzięki intensywnym i regularnym treningom. Dotyka sufitu sali tylko wtedy, gdy wspina się po linie na własną rękę. Nie ma windy, która go tam zabierze. W codziennym życiu możesz pamiętać o wspinaczce linowej, gdy pracujesz nad celem. Droga do sukcesu jest tak samo męcząca jak wspinaczka linowa. Jednak zwykle to twój mózg, a nie siła mięśni, która wykonuje pracę.

19. Związane ręce zwiększają wydajność

"Ten, kto czegoś chce, znajduje sposoby. Ten, kto nie chce, znajduje powody." - Albert Camus

Podczas treningu rozgrzewkowego wszyscy zawodnicy sztuk walki, których sport polega na ćwiczeniach upadania, ćwiczą je na początku treningu. Przeważnie zaczynają się od rzutu do przodu. Robią to z pozycji stojącej lub z kolan. W obu wariantach ćwiczenia polegają na rękach jako niezbędnym podparciu. Jednak zarówno judoka, jak i ci, którzy trenują Jiu-Jitsu czy Aikido, mogą po latach treningu wykonywać rzut do przodu bez użycia rąk. Aby móc wykonać ruch do przodu bez pomocy rąk, podczas tego ćwiczenia związują nadgarstki paskiem lub liną.

Ten rodzaj ćwiczeń upadku służy ważnemu celowi. Pomaga to sportowcom doskonalić swoje ruchy do przodu. Są również w stanie wykonać fikołka do tyłu z pozycji stojącej na ziemi bez użycia dłoni. Potrzebują ich tylko do wstawania. Ćwiczenia z zabandażowanymi rękami nie tylko zwiększają wydajność, ale także udowadniają, że wojownicy wyrastają poza swoje granice podczas treningu. Podczas gdy trener judo obserwuje swoich trenujących uczniów, przygotowuje ich do dalszych ćwiczeń.

"Jesteś zaawansowanym judoką. Od kilku lat ćwiczysz przewrót w przód. Możesz pokonać przeszkody z łatwością. Dlatego możesz zrobić to bez użycia dłoni."

Jako mistrz daje dobry przykład, każąc uczniowi związać swoje ręce cienką liną. Następnie popycha je między lekko rozłożonymi nogami, zanim pewnie wykona ruch do przodu. Jego judoka podąża za nim. Pod koniec ćwiczenia wyjaśnia, dlaczego ta odmiana przewrotu pomaga w rozwoju osobistym.

"To ćwiczenie nie tylko poprawia technikę upadku, ale także pomaga radzić sobie śpiewająco z wyzwaniami codziennego życia. Każdy czuje się uwięziony w rozterce podczas swojego życia. Każdy czasem ma poczucie, że nie jest w stanie działać lub reagować. Podczas jego życia wszyscy mówią, że ma związane ręce. Jednak w tych przypadkach jest to subiektywne postrzeganie. Ci, którzy są uwięzieni w tym sposobie myślenia, mają trudności w przezwyciężaniu trudnych sytuacji. Nie poruszają się do przodu, ale stąpają na miejscu.

Dostałeś ważną lekcję. Każdy osiąga swój cel, nawet jeśli musi zaakceptować pewne przeszkody. Wiesz, jak inflacyjne i nierealistyczne jest powiedzenie "nic nie mogę zrobić; moje ręce są dosłownie związane". Zawsze jest inne rozwiązanie. Nawet ze związanymi rękami możesz wykonać rzut do przodu. Widziałeś, jak dobrze wykonujesz rzut do przodu ze związanymi rękami.

Problem, który mają ludzie ze związanymi rękami, polega na tym, że nie chcą opuszczać swojej strefy komfortu. Przewrót w przód w judo ze związanymi nadgarstkami wymaga większego wysiłku koncentracji. Dotyczy to wszystkich codziennych sytuacji, które nie są łatwe w obsłudze. Jednak ten niezwykły rodzaj roli judo dowodzi, jak dobrze każdy może realizować swoje marzenia. Dotyczy to również sytuacji, gdy cel wydaje się nieosiągalny. Wiesz, że osoby trenujące sztuki walki dążą do przekraczania swoich granic. To skuteczne ćwiczenie regularnie przypomina o tym. Pokonujesz codzienne przeszkody z niezbędną werwą, którą stosujesz do rzutu do przodu. Uczniowie niezadowoleni ze swoich ocen twierdzą, że nie mogą się poprawić. To nieprawda. Z pomocą właściwego zarządzania czasem i intensywnego badania swoich słabości, mają prawo do poprawy swoich ocen. To samo dotyczy studentów, stażystów i dorosłych. Ci, którzy chcą coś osiągnąć, znajdą sposób. Jeśli czegoś nie chcesz, znajdziesz doskonałą wymówkę. Dotyczy to zarówno życia zawodowego, jak i prywatnego. Nauczyłeś się, że zawsze możesz działać, nawet jeśli masz związane ręce."

20. Wyrastaj poza własne granice

"Nie ma ograniczeń. Ani dla myśli, ani dla uczuć. To strach wyznacza granice." - *Ingmar Miner*

Każdy człowiek osiąga w swoim życiu punkt, w którym myśli:

"Tak się nie da" lub

"Nie mogę tego zrobić."

Niestety, wspomniane powyżej zdania są poglądami pesymistycznymi, zakotwiczonymi głęboko w tych, których dotyczą. Przeważnie są to ludzie, którzy szybko się poddają. W rezultacie nie osiągają ani swoich prywatnych, ani zawodowych celów. Dobrowolnie wyrzekają się poprawy jakości życia.

"Nie mogę tego zrobić."

Zdanie może pochodzić od ucznia, który uważa, że nie może opanować przedmiotu szkolnego jakim jest matematyka. Inni natomiast są zdania, że nie potrafią gotować. Osoby opuszczające szkołę nie ubiegają się o pożądaną praktykę lub preferowany kierunek studiów, ponieważ obawiają się, że nie zostaną przyjęte. Niektórzy poszukujący pracy nie aplikują do swojej ulubionej firmy, ponieważ są pewni, że pracodawcy i tak wolą kogoś innego. Młodzi ludzie, mężczyźni i kobiety, którzy dają się sparaliżować przez takie myśli, są więźniami własnych umysłów. Ich umysły są dotknięte negatywnym sposobem myślenia. To uniemożliwia im realizację swoich osobistych celów. Na szczęście nawet ci ludzie mają prawo do uwolnienia się z owych kajdan przeszkadzającym myślom poprzez efektywne przeprogramowanie.

Osoby ćwiczące sztuki walki uczą się lekcji skutecznego przeprogramowania swoich myśli w treningu. Następnie przenoszą je do swoich klasycznych codziennych wyzwań. Mistrzowie sztuk walki już pracują nad tym przeprogramowaniem w swoich kursach dla początkujących. Trenerzy Judo nie są jedynymi, którzy regularnie włączają następujące ćwiczenia do swojego jesiennego programu. W ten sposób postępują również trenerzy Jiu-Jitsu, Ju-Jutsu czy Aikido. Rzut do przodu pomaga zwalczać negatywny sposób myślenia. Jedynym warunkiem jest to, że studenci sztuk walki mogą upaść bez zranienia siebie.

Gdy tylko Judoka perfekcyjnie opanuje swoje spadające ćwiczenia, trenerzy ustawiają przeszkodę. Mistrz judo prosi towarzysza o postawienie się w pozycji śpiącego dziecka, która wywodzi się z jogi. Następnie wykonuje przewrót do przodu nad judoką leżącym na matach, nie dotykając go. Nawet początkujący pokonują tę przeszkodę bez wysiłku. Gdy wszyscy uczestnicy opuszczają towarzysza, drugi dołącza do leżącego na matach judoki. Większość pokonuje tę szerszą przeszkodę bez żadnych problemów. Jeśli jest to zaawansowany kurs, mogą łatwo przeskoczyć czterech towarzyszy leżących obok siebie, nie raniąc ich.

Kiedy trener pyta piątego judoka na podłodze w pozycji śpiącego dziecka, jeden z uczniów wypowiada zdanie:

"Nie mogę tego zrobić. Ta przeszkoda jest zbyt szeroka."

Ponieważ doświadczony trener judo jest przygotowany do tego stwierdzenia, wyjaśnia swoim uczniom, że ich sposób myślenia jest przeszkodą. To tylko odzwierciedla ich myśli.

"Myślisz, że nie jesteś w stanie pokonać tej

przeszkody. Możesz. W ten sposób wyrastacie poza swoje granice. Po tym ćwiczeniu poczujesz się lepiej. Ponadto ćwiczenia z przeszkodami i twoje wątpliwości można zastosować w wielu codziennych sytuacjach. Każdy z was nie może usunąć tego terminu. Następnie przekształca się stwierdzenie typu: "mogę to zrobić. To nie funkcjonuje jako granica, która istnieje tylko w waszych myślach. Sam ją ustanowiłeś. Granice istnieją w waszych umysłach, a nie w rzeczywistości. To samo jest prawdą, gdy przyjaciele, znajomi, krewni i członkowie rodziny mówią ci: nie możesz tego zrobić. Mówią tylko o swoich zdolnościach i projektują je na ciebie.

Z drugiej strony, trenujecie sztuki walki i nie będą na was negatywnie wpływać ludzie z waszego najbliższego otoczenia ani wasze niepokojące myśli. Nazwij sobie ten specjalny rzut do przodu, który doskonale opanujesz dzięki swoim pięciu towarzyszom. Teraz udowodnij mi i tobie, jak dobrze potrafisz opanować ten ruch naprzód.

Wszyscy uczestnicy pokonali przeszkodę doskonale. Ich trener był w stanie wykonać to ćwiczenie skacząc ponad ośmioma judokami znajdującymi się obok siebie. Istnieją ćwiczenia, które są zarezerwowane tylko dla jednego mistrza.

"Jeśli jesteś pesymistą, pamiętaj o tym ćwiczeniu. Pamiętaj, że nie ma ograniczeń dla twoich uczuć i myśli. Twój strach stworzył te ograniczenia. Odwaga i optymizm pokonują mentalne granice. W połączeniu z dyscypliną możesz osiągnąć dowolny cel. Z tego powodu nigdy się nie zniechęcaj."

21. Odwaga oznacza opuszczenie strefy komfortu

"Wola kształtuje człowieka, ale sukces wymaga odwagi i wytrwałości."- Bruce Lee

Aby zademonstrować swoim uczniom, dlaczego warto być odważnym zarówno w życiu, jak i w sztukach walki, trener karate wprowadził do klasy nowe ćwiczenie. Uważa, że jego uczniowie są gotowi do tego testu. Układa drewniane deski w dojo. Jego karateka regularnie opuszczają swoją strefę komfortu.

"Kiedy weszliście do dojo i zdecydowaliście się zacząć od treningu karate, zrobiliście decydujący krok w swoim życiu. Opuściliście swoją strefę komfortu. Charakteryzuje się ona kontrolą czynników, powtarzającymi się procedurami, nawykiem i bezpieczeństwem. Wasze procedury, które znajdują się w waszej strefie komfortu, charakteryzują się minimalnym poziomem stresu i niskim ryzykiem. Co więcej, strefy komfortu nie można określić jako dobrej lub złej. Jest to krąg, w którym żyje większość ludzi. Jednak okazało się, że jesteście wśród tych, którzy opuszczają swoją strefę bezpieczeństwa.

Sztuki walki nie są częścią strefy komfortu. Wasz umysł i ciało muszą ciężko pracować. Wiele osób unika opuszczania swojej znajomej strefy. Nie są jednak świadomi pozytywnych skutków opuszczenia swojego przyzwyczajonego kręgu. Z jednej strony stają się bardziej produktywne, z drugiej inwestują swój czas w ciekawe zmiany. Odważni ludzie, którzy opuszczają strefę komfortu, natychmiast kończą w strefie strachu. W tym czasie towarzyszy im niepewność, liczne możliwości rozproszenia uwagi i myśl o szukaniu wymówek, aby wrócić do strefy komfortu. Ostateczne zerwanie jest również możliwe w fazie niepewności. Ponadto odważni ludzie cierpią na obniżoną samoocenę w tym okresie. Dają się pod wpływem negatywnych komentarzy sposobu myślenia bliźnich. W rezultacie od czasu do czasu odważni ludzie szukają wymówek, aby zakończyć swój projekt.

Zapominają jednak na chwilę, że ich bliźni nie dają im rad, ale potępiają ich odwagę opuszczenia strefy komfortu. Ci, którzy potępiają innych, są ludźmi, którzy nie myślą. Bo ci, którzy myślą, dbają o swoje sprawy.

Silne osoby pokonują wszystkie przeszkody strefy strachu i natychmiast kończą w strefie uczenia się. W tej strefie zdobywają nowe umiejętności, zdobywają cenne doświadczenie i umacniają swoją pewność siebie. Ci, którzy dotarli tak daleko, nie są rozpraszani przez czynniki zewnętrzne. Starają się dostać do strefy wzrostu. Tam korzystają z osiągnięcia celu, samopoznania, satysfakcji i pewności siebie. W tym momencie odważni ludzie łączą swoje życie z celem. Sprawiają, że ich szczęście nie zależy ani od rzeczy, ani od swoich bliźnich. Oni również stale stawiają sobie nowe cele, realizują swoje marzenia i podbijają swój cel w najprawdziwszym tego słowa znaczeniu.

Kiedy zdecydowaliście się zacząć od treningu sztuk walki, wykazaliście się odwagą. Podczas treningu wykonujemy uciążliwe ruchy, które nie należą do codziennego życia człowieka. Kiedy opuściliście strefę komfortu, z powodzeniem sprawdziliście się w strefie strachu. W końcu wasi koledzy zapytali was, dlaczego poświęcacie swój wolny czas na sztukę walki. Niektórzy próbowali przekonać was do uprawiania czegoś innego niż sztuki walki. Inni ludzie zwabili was licznymi możliwościami rozpraszania uwagi, takimi jak imprezy. Nie wiedzieliście, czy jesteście na dobrej drodze. Jednak szkolenie zmotywowało was do oparcia się terminacji. Dlatego wylądowaliście w strefie nauki. W międzyczasie, jesteście posiadaczami zielonego pasa.

Po wielu latach treningu wielokrotnie zwiększyliście swój poziom pewności siebie. Nabyliście również nowe umiejętności. W strefie wzrostu korzystacie nie tylko z zakaźnego zadowolenia, ale także z wewnętrznego spokoju. Jesteście pewni siebie nie tylko w treningu, ale także w życiu codziennym. Co więcej, osiągacie swoje cele. Jako ambitni karatecy zyskaliście odwagę, aby regularnie opuszczać swoją strefę komfortu poprzez wszystkie ćwiczenia wzmacniające umysł i ciało.

Aby udowodnić wam, że odważnie opuściliście swoją strefę komfortu, robimy dziś test łamania. To zademonstruje zgodność woli, odwagi, cierpliwości i wytrzymałości. Sprawdzimy waszą technikę łamania za pomocą desek. Deski mają grubość od 2 do 6 centymetrów.

Potem przyszła kolej na jego uczniów. Wszystkim udało się złamać deskę. Niektórzy z nich uderzali w deskę krawędzią rąk, niektórzy piętą stóp, a inni pięściami. Wszyscy uczestnicy zdali test łamania. Trener wyjaśnia, że odważne jest zapisanie się na trening i trenowanie własnej wytrzymałości. Próba przełamania służy nie tylko jako dowód rozwoju osobistego od opuszczenia strefy komfortu, ale także jako symboliczne przełamanie strefy komfortu, w której mieszka większość.

Odwaga działa jako ważny towarzysz codzienności. Odważni ludzie nie boją się prosić przełożonych o podwyżkę. Odważni ludzie zwracają uwagę na swoje niewłaściwe postępowanie innym. Odważni ludzie stają po stronie słabych. Odważni ludzie realizują swoje cele. Dlatego korzystają z wewnętrznego spokoju. Odważni ludzie nie są wolni od strachu lub złożonego produktu ich myśli zwanego strachem, ale wykazują zdolność do odważnego stawienia czoła tym wyzwaniom. W końcu pochodzenie wielkich rzeczy nie leży w strefie komfortu.

22. Uprzejmość nic nie kosztuje i jest bezcenna

"Bez uprzejmości, znaczenie karate jest stracone." - Gichin Funakoshi

Karateka zawsze wchodzi do sali treningowej z ukłonem. Ten mały gest osiąga wspaniały efekt. Zarówno trenerzy, jak i studenci doceniają ten akt. Pomaga im rozwijać ich grzeczne i pełne szacunku zachowanie.

Dziś jeden z uczniów spóźnił się dwie minuty. Wbiegł do korytarza i dołączył do swoich towarzyszy. Zapomniał jednak ukłonić się. Dlatego trener odesłał go z powrotem do wejścia i poprosił o wykonanie ukłonu. Następnie powtarza dziewięć zasad grzeczności, które muszą być przestrzegane w każdej sztuce walki. Paradoksalnie, co jakiś czas artyści sztuk walki mają tendencję do stosowania ich tylko w treningu, ale nie poza dojo.

- *Ukłoń się, wchodząc do pokoju i na matę.*
- *Bądź cicho, podczas gdy trenerzy lub koledzy z drużyny instruują cię w odpowiednich technikach.*
- *Siedząc, zwróć uwagę na prawidłową postawę siedzącą.*
- *Szanuj swoich partnerów szkoleniowych, zawsze bądźcie dla siebie uprzejmi.*
- *Słuchaj bez przerywania.*
- *Nie opuszczaj pokoju bez zgody trenera.*
- *Wspieraj towarzyszy, którzy nie trenowali tak długo, jak ty.*
- *Na początku treningu ustawcie się obok siebie w zależności od rangi*
- *Wszyscy jesteście odpowiedzialni za utrzymanie sali*

treningowej i mat w czystości.

Myślę, że traktujecie się grzecznie na treningu. Uprzejmość nic nie kosztuje, ale wciąż jest bezcenna, a w zamian można otrzymać wiele. Podziwiające spojrzenia, szczere podziękowania, szacunek i uznanie od bliźnich działają jako podziękowanie za uprzejmość. Tylko ludzie, którzy są silni i spokojni ze sobą, okażą nienaganną uprzejmość.

Dlatego sugeruję, abyście zachowywali się w ten sam sposób poza dojo, chociaż uważam to za oczywiste. Moim życzeniem jest, żebyście jako zawodnicy sztuk walki zwrócili na siebie uwagę. Zacznijcie szerzyć uprzejmość, dając dobry przykład. Uprzejmość ma wiele aspektów. Uprzejmość jest przeciwieństwem bezwzględności. Każdy może trenować i uczyć się uprzejmości. Uprzejmość jest niezbędna w sztukach walki. Grzeczni ludzie idą dalej niż ich bezwzględni i niegrzeczni konkurenci zarówno w życiu prywatnym, jak i zawodowym. Uprzejmi ludzie lepiej komunikują się ze swoimi bliźnimi. Ponadto uprzejmość jest jedną z cnót, które są wysoko cenione we wszystkich kulturach. Jednak jesteś nie tylko uprzejmy dla swojego partnera treningowego i swoich bliźnich, aby cieszyć się ich uznaniem, ale także aby wzmocnić swoje wewnętrzne zadowolenie. Uprzejmość znajduje odzwierciedlenie w tonie głosu, wyborze słów, zachowaniu i działaniach. Uprzejmość pozwala rozmówcy zakończyć swoje zdania bez przerwy. Uprzejmość zabrania podnoszenia głosu. Zamiast tego grzeczność szuka argumentów, które przekonują drugą osobę. W porównaniu z bezwzględnością, uprzejmość konsekwentnie działa jako lepsza broń."

23. Czystość - mały detal z dużym efektem

"Lepiej dbaj o czystość i jasność; jesteś oknem, przez które musisz widzieć świat!"- Georg Bernard Shaw

Zadowolony trener zajrzał do dojo. Wszyscy uczniowie mieli na sobie czysty i wyprasowany Gi. On sam zawsze daje dobry przykład. Wziął prysznic na krótko przed treningiem. Wykorzystuje te pięć minut na higienę osobistą. Wiadomym jest fakt że, sztuki walki opierają się na stałym kontakcie fizycznym. Nigdy nie miał na co narzekać ze swoimi uczniami. Dla nich zasady czystości były integralną częścią szkolenia. Trener upewnia się, że dojo jest wolne od kurzu. Własnymi rękami wyciera maty, pazury i worki z piaskiem. Tym pokazuje, że nie czuje się lepszy od niczego ani od nikogo. Każdy może wykonywać prace porządkowe.

"Czystość jest ważna nie tylko w treningu, ale także w życiu codziennym. Nie tylko chroni cię przed poważnymi chorobami, ale także wpływa na twój umysł. Ubrania, ciało i pomieszczenia, w których się znajdujesz, powinny być czyste. Twoje miejsce pracy, a także narzędzia również wymagają regularnego czyszczenia. Z jednej strony pracujesz w ten sposób skuteczniej, z drugiej jesteś w stanie jasno myśleć. Ludzie, którzy nigdy lub rzadko czyszczą swoje okna, patrzą przez brudną szybę. To sprawia, że świat zewnętrzny wydaje im się nudny i ponury. To z kolei ma negatywny wpływ na ich myśli. Jak tylko prawidłowo wykonasz technikę rzucania, często mówię "czysta wydajność". W języku potocznym termin czysty działa jako synonim dobra, prawa lub poprawności. Postaraj się, aby czystość stała się ważną częścią twojego codziennego życia. Osiągniesz dodatkowe punkty z czystym i schludnym wyglądem.

Brzmi to jak mała i oczywista rzecz, ale utrzymywanie czystości jest dla mnie ważne, więc muszę o tym wspomnieć.

Restauracja, która nie zapewnia czystych stołów i krzeseł, traci nie tylko stałych klientów, ale także swoją reputację. Niehigieniczne szpitale zbierają pogardy. Nieczyste baseny tracą kąpiących się. Brudne centra handlowe zmagają się z utratą sprzedaży. Czystość zewnętrzna ma istotny wkład w czystość wewnętrzną. Wpływa na twoje myśli i działania, nawet jeśli nie jest to oczywiste na pierwszy rzut oka."

24. Punktualność jest symbolem uznania

"Moja punktualność wyraża, że twój czas jest dla mnie tak cenny, jak mój własny." - Helga Schäferling

Zawodnicy sztuk walki uczą się punktualności od pierwszego treningu. Ci, którzy lekceważą tę zasadę, wykonują dodatkowe ćwiczenia w postaci pompek, zgięć kolan lub brzuszków. W ten sposób trener sygnalizuje, że jest świadomy ich spóźnienia i demonstruje swoje uznanie dla swoich punktualnych uczniów. W życiu ci, którzy uważają punktualność za nieistotną, prędzej czy później doświadczają gorzkich konsekwencji. Dzisiaj jest kolejny z tych dni, kiedy dwie osoby pojawiają się pięć minut spóźnione. Dlatego mistrz prosi ich o zrobienie 25 pompek. Pięć za każdą minutę.

"Dlaczego ci, którzy się spóźniają, robią pompki jako karę, jeśli uważasz to ćwiczenie za zaletę?"

"Pompki są niepopularną rutyną dla większości zawodników, ponieważ wymagają praktyki, dyscypliny i wysiłku. Karatecy, którzy zaniedbują trening pompek przez dwa tygodnie, zaczynają prawie od zera. Ponadto większość uważa, że dzięki temu ćwiczeniu trenowana jest tylko górna część ramion. To nieprawda. Pompki nie tylko wzmacniają ramiona, ale także nogi, plecy, brzuch i mięśnie pośladków. Całe twoje ciało jest spięte. Nie chcę rozwijać niechęci do tego ćwiczenia. Zamiast tego chcę, abyś podjął ten sam wysiłek następnym razem, gdy trenujesz, abyś był na macie na czas.

Punktualność jest symbolem uznania dla ludzi, z którymi się spotykamy. Pojawianie się na czas w uzgodnionym terminie oznacza, że cenimy czas drugiej osoby tak samo jak nasz własny. W końcu czas jest nie tylko rzadkością, ale także cennym towarem. Nikt go nie odkupi. Moim zdaniem spóźnienie jest wyraźnym znakiem braku szacunku i chamstwa. Nie spóźniasz się na trening, ponieważ dojo jest zbyt daleko od twojego punktu startowego, ale ponieważ nie wyszedłeś na czas. Powinieneś zaplanować czas na nieprzewidziane wydarzenia. Zwiększy to twoje szanse na dotarcie na czas.

"Kiedy przewracasz się do tyłu, połóż głowę na lewym ramieniu i przewróć się po prawej stronie. Jeśli nie zrobisz tego na czas, nie będziesz w stanie się toczyć, ponieważ twoja głowa stoi na drodze. Albo wylądujesz boleśnie na plecach, albo na karku. W tym przypadku niepunktualna reakcja powoduje ból. Jednak szybko odzyskujesz siły, ponieważ trenujesz na miękkich matach. Na twardszej powierzchni sytuacja byłaby inna.

Ale co z kwestią punktualności w życiu codziennym? Jako wieloletni pracownik znanej firmy mogę powiedzieć, co ludzie myślą o niepunktualności. Ci, którzy się spóźniają i wymyślają ciekawe wymówki, zwykle przegrali walkę o wspólny handel. Kandydaci, którzy spóźnią się na rozmowę, przegrali walkę o pracę. Firmy, które dostarczają zamówione towary zbyt późno, przegrały walkę o klienta. Uczniowie, którzy zbyt późno rozpoczynają przygotowania do egzaminu, przegrali walkę o zdanie egzaminu. Kucharze, którzy zbyt późno zdejmują jedzenie z pieca, przegrali walkę o uznanie tego posiłku. Ludzie, którzy nie dotrzymują terminów prędzej czy później przegrywają walkę o prawdziwych i wiarygodnych przyjaciół.

Punktualni ludzie są nie tylko we właściwym miejscu we właściwym czasie, ale także niezawodni.

Co więcej, swoją punktualnością sygnalizują swoje uznanie dla drugiej osoby lub zadania. Nie tylko oszczędzisz sobie kary, jeśli dotrzesz do dojo na czas, ale także wiele kłopotów w życiu zawodowym i prywatnym. W niektórych kulturach ciągła opieszałość przypomina utratę twarzy i jest zdecydowanie usankcjonowana zakończeniem partnerstwa".

25. Uznanie wzmacnia optymistyczny sposób myślenia

"Pomyśl o tym, co masz, a nie o tym, czego ci brakuje!" - Marek Aureliusz

Zmotywowany trener judo z przyjemnością zauważa, że sala treningowa jest pełna. Dziś jest to jego trzeci trening judo jako nauczyciela. Od 17.00 do 18.00 szkoli dzieci w wieku od 5 do 10 lat. Od 18.00 do 20.00 uczy młodzież. Kurs dla dorosłych jest od 20.00 do 22.00. Na wszystkich trzech kursach mistrz koncentruje się nie tylko na ćwiczeniu technik, ale także na nauczaniu wartości judo.

Składają się one z szacunku, samodyscypliny, uczciwości, przyjaźni, czystości, punktualności, sprawiedliwości i uznania. Wszyscy cieszą się równą pozycją. Jednak w dzisiejszych treningach skupia się na aspekcie szacunku. On sam często utożsamiał uznanie z wdzięcznością. Prawdą jest, że obie cnoty wzmacniają optymistyczne myślenie. Ale jest między nimi poważna różnica.

"Doceniam twoje liczne występy na dzisiejszym treningu. Nasze sztuki walki są kolejnym wyrazem uznania. Jeśli uda ci się zastosować tę cnotę nie tylko w treningu, ale także w życiu codziennym, wzmocnisz swoje optymistyczne myślenie. Z kolei twoja obecność tutaj dowodzi mi, jak bardzo cenisz trening judo. Uznanie ma pozytywny wpływ na twoje codzienne życie na wiele sposobów. Zwiększa twoje samopoczucie. Zarówno sztuka judo, jak i związane z nią uznanie zwiększają uwalnianie hormonu szczęścia, czyli endorfiny. Dzięki uwalnianiu dopaminy poprawiasz swoją koncentrację. Co więcej, szczere docenienie waszych relacji międzyludzkich wzmacnia waszą koncentrację. Stymuluje to zwiększone uwalnianie oksytocyny. Twoje umiejętności również korzystają ze wzrostu mocy, ze względu na wyższe uwalnianie adrenaliny. Są to cztery pozytywne konsekwencje uznania dla zdrowia.

"Z drugiej strony, jeśli chodzi o codzienne życie, ta cnota zwiększa twoją motywację, co sprawia, że jesteś bardziej produktywny. W przeciwieństwie do wdzięczności, uznanie nie wymaga działania. To ostatnie oznacza wszystko, czego doświadczamy, widzimy lub uczymy się. Nie ma powodu. Egzystencja wystarczy. Uznanie nie wymaga oceny. Co więcej, nie opiera się na słowach. Z moich wibracji i motywacji możesz poczuć, jak bardzo lubię uczyć cię podstaw judo i że cię doceniam. Mój szacunek do ciebie pochodzi z mojego serca. Ale łączę to z szacunkiem, oddaniem i zainteresowaniem. Jeśli chcesz zrealizować swój cel, warto regularnie ćwiczyć docenianie.

Doceń szkolenie i swoich partnerów, którzy pomogą Ci rozwinąć ulepszoną wersję siebie. Doceniaj to, co masz, zamiast smucić się tym, czego nie masz. Aby pokazać ci, jak skutecznie kultywować swoje uznanie dla innych, środowiska lub doświadczeń poprzez regularne treningi judo, Kontynuuj Randori w tym momencie.

Tymczasem jego uczniowie starają się stosować podstawową zasadę łagodnego sposobu ustępowania, aby wygrać. Jako doświadczony trener obserwuje wszystkich. Zauważył, że większość, podobnie jak w grze w szachy, wykorzystuje pozycję przeciwnika na swoją korzyść. Obserwuje jednak również, jak niektórzy judocy walczą kierując się gniewem. Interweniuje z nimi, przypominając im mądre stwierdzenie Lao Tse. Według niego najlepszy zawodnik nigdy nie jest zły.

"Jesteście źli, a waszym jedynym celem jest zwycięstwo. "Tymczasem zapomnieliście o dwóch ważnych rzeczach. Z jednej strony główną rolę odgrywa technika, a nie fizyczna wyższość, z drugiej strony, pomimo randoris, zapominasz docenić swojego partnera judo. Gniew jest przeszkadzającą emocją, która uniemożliwia ci przeżywanie swojego uznania w znaczący sposób. Puszczaj i doceniaj siebie nawzajem. Doceniaj swojego partnera za praktykowanie Randori z tobą i pomaganie ci rozwijać się ponad twoje granice.

To samo dotyczy życia codziennego. Jeśli jesteś zły na uzasadnioną krytykę, którą inni skierowali przeciwko tobie, zamiast ją zaakceptować i docenić, nie osiągniesz swojego celu. Kiedy byłem studentem, raz siedziałem z moim nauczycielem w biurze. Nieświadomie zadałem mu pytanie, gdzie znajdę odpowiednią literaturę do mojego referatu seminaryjnego. Odpowiedział, że to nie istnieje i że moim zadaniem jest napisanie pracy dyplomowej z wartością dodaną z dostępnych materiałów. Ponadto spojrzał na mój zarys i powiedział mi, że powinienem uczynić go bardziej ekscytującym, aby wzbudzić zainteresowanie moich czytelników. Na początku byłem, tak jak ty, zły przez krótki czas. Uznałem jego krytykę za atak. Chociaż było to konstruktywne i bynajmniej nie destrukcyjne. Dał mi techniki, jak osiągnąć ten cel, co było udanym referatem seminaryjnym. Kiedy zmieniłem sposób myślenia i doceniłem czas, który mi zabrał, poczułem się lepiej. Moja wdzięczność za jego rady napędzała mój optymizm. Zaowocowało to sukcesem referatu seminaryjnego.

W końcu ten termin był niczym więcej niż Randori na poziomie pisemnym. Celem było dobre przedstawienie wybranych treści tematycznych. Gdybym gniewnie zaakceptował argumenty mojego nauczyciela i uznał go za wrogiego przeciwnika, nie napisałbym dobrego artykułu. Dotyczy to wielu ludzi w życiu codziennym. Łatwiej byłoby im, gdyby cenili swoich bliźnich, doświadczenia lub otoczenie, zamiast postrzegać ich jako wrogów. Uznanie wspiera optymizm, który z kolei działa jako doskonały sposób na pokonanie wszystkich przeszkód codziennego życia.

26. Pomoc zawsze wraca

"Takt to zdolność do pomagania drugiej osobie bez deptania im po palcach." - Curt Goetz

Pomocność jest elementarną cząstką wszystkich sztuk walki. Na pierwszy rzut oka większość nie ma związku między terminami sztuk walki a przydatnością. W końcu ta cnota jest osobistą postawą, która jest głęboko zakorzeniona w najgłębszej istocie trenerów, nauczycieli, mistrzów i uczniów. Mają potrzebę pomocy swoim uczniom, aby stać się lepszą wersją siebie. Dzięki ich szkoleniu kultywują w swoich wyznawcach potrzebę niesienia pomocy bliźnim. Z tego powodu trener judo w każdy poniedziałek przeprowadzał inny rodzaj treningu.

Po intensywnym treningu rozgrzewkowym upewnia się, że Judoka wyższej klasy ćwiczy techniki rzucania z początkującymi. Zwraca się do uczniów, którzy od kilku lat praktykują sztukę judo, o pomoc początkującym, pokazując im, gdzie jest jeszcze miejsce do poprawy. Trenerzy Judo wymagają od swoich uczniów integracji początkujących w grupie i wspierania młodszych członków. Sztuki walki działają tylko z pomocą. Judo ma na celu nie tylko promowanie dyscypliny fizycznej trenującego, ale także odnalezienie wewnętrznej osobowości. Aby kultywować swoją wewnętrzną siłę, judoka rozszerza granice swojego ego. Ponadto pomocność jest cnotą, która wymaga od kursanta dobrego samopoczucia. Ludzie, którzy są w złym stanie fizycznym lub psychicznym, nie mają niezbędnej siły, aby pomóc swoim bliźnim.

Dlatego mistrz judo prosi osoby posiadające żółty pas o nauczenie początkujących rzutu biodrowego zwanego O-Goshi. Ludzie, którzy wchodzą do klubu sztuk walki po raz pierwszy mają tendencję do wykonywania technik wyłącznie z dużym wysiłkiem. Judoka, który nosi żółto-pomarańczowy pas, jednak wie, co jest ważne. Moc techniki rzucania O-Goshi pochodzi z całego ciała. Skupiamy się na mięśniach nóg. Ani biodra, ani plecy nie wykonują głównej pracy. Działają one jedynie jako wsparcie. Wyższa ranga judoki pomaga początkującym, wskazując na ważne drobiazgi. Radzą im lekko zgiąć kolana przed wykonaniem rzutu biodrowego.

Dzięki swojemu doświadczeniu trener judo wie, jak dobrze jest pomagać innym. Dlatego pozwala zaawansowanym studentom ćwiczyć z początkującymi. Co więcej, pomocność sprawia, że wszyscy uczestnicy są zadowoleni. Trener pamięta podczas treningu dlaczego został nauczycielem judo. Z jednej strony była to pomoc, z drugiej dobrze mu się uczyło innych towarzyszy sztuki judo. Trening judo pomógł mu również zwiększyć jego energię życiową. W końcu energia jest bezpośrednio związana z pomocnością. Tylko energiczni ludzie mogą pomóc.

Jako nauczyciel regularnie ostrzega swojego ucznia, aby ten nie przesadzał. W żadnym wypadku nie powinni oni zamieniać swojej pomocy w występek, taki jak energochłonny syndrom pomocnika. Z tego powodu kultywuje zrównoważone cechy przydatności u swoich uczniów. Z pomocą treningu Judo wychowuje je na sprawiedliwe, niezależne i zdyscyplinowane jednostki. Przypomina im również, aby otrzymali coś w zamian za pomoc. Oczywiście nie powinni oczekiwać przysługi za każdą aktywność. Pomysł, by móc na nich liczyć, gdy potrzebują pomocy, jest, jego zdaniem, wystarczający w zamian.

W ten sposób pomoc zawsze prędzej czy później wróci do nas. Dlatego jego uczeń nie powinien obawiać się pomagać swoim bliźnim.

27. Wdzięczność zabiera ludzi daleko

"Kłanianie się jest wyrazem wdzięczności i szacunku. W końcu dziękujemy przeciwnikowi za umożliwienie doskonalenia technik." - Jigoro Kano

Termin dziękuję jest jednym ze słów, które rodzice uczą swoje dzieci od najmłodszych lat. Uczą się mówić słowo "dziękuję", gdy otrzymują coś. Jednak w życiu nie tylko podziękowanie szybko się zmniejsza, ale także wdzięczność. I to właśnie ta ostatnia zabiera ludzi daleko. Odgrywa podrzędną rolę, niezależnie od tego, czy jest to kwestia sukcesu prywatnego, czy zawodowego. Działa jako wolny towarzysz, który generuje liczne zyski. Wdzięczność nic nie kosztuje, tylko wymaga zmiany własnego punktu widzenia. Z tego powodu mistrz judo dąży do wzmocnienia świadomości wdzięczności wśród swoich uczniów. Wie, że ma to pozytywny wpływ na życie na wiele sposobów.

"Dziękuję, że byliście dzisiaj w dojo pomimo temperatury 35 stopni Celsjusza. Dziękuję za to uznanie i szacunek, który okazujecie mi i sobie nawzajem. Dziękuję za motywację i zaufanie. Swoim zachowaniem udowadniasz mi, jak bardzo opłaca się mój wysiłek, który wkładam odkąd zacząłem trenować judo. Moim celem jest nie tylko szerzenie sztuki walki, ale także przekazywanie jej cnót i wartości. Dzięki sztuce judo odkryłem na nowo zalety wdzięczności. Nie tylko daje mi wewnętrzny spokój, ale także wywołuje uśmiech na twarzach ludzi, z którymi się spotykam. Ponadto wdzięczność zmotywowała mnie do wyższych osiągnięć w życiu prywatnym i zawodowym.

Moje wieloletnie szkolenie obudziło we mnie

dobro. Inna perspektywa na moich bliźnich i moje życie również wkradła się pod moją skórę. Moje niezadowolenie zostało całkowicie stłumione przez wdzięczną egzystencję. Kiedy ten ostatni objął mnie w posiadanie, zacząłem go przenosić na zewnątrz. Po raz pierwszy podziękowałem na piśmie mojemu przewodniczącemu na mojej uczelni za jego wsparcie. Uprzejmie zgodzili się nadzorować mnie podczas pisania mojej pracy dyplomowej. Wzruszył mnie ton głosu asystenta badawczego. W domu usiadłem przed moim komputerem, napisałem do niej maila z podziękowaniami. Jej reakcja zaskoczyła mnie, ponieważ odpowiedziała, jak dobrze jest choć raz usłyszeć coś pozytywnego od grupy analitycznej. Byłem zdumiony wrażeniem małego słowa "dziękuję". Mój wysiłek został wyrażony w małym geście, ale miał świetny efekt. Potem poczułem się jeszcze lepiej. Nieopisana wewnętrzna siła rozprzestrzeniła się we mnie. Od tego czasu postanowiłem podziękować moim bliźnim na piśmie lub ustnie regularnie. W swoim zawodzie cieszyłem się awansem. Nie należałem do tych, którzy regularnie narzekali na godziny pracy, wynagrodzenie czy urlopy. Zamiast tego, doceniam pracę. Co więcej, zawsze miałem zwyczaj dziękować naszym klientom. Albo napisałem im kartkę, e-mail, albo zadzwoniłem. W ten sposób zwiększyłem naszą klientelę. To sprawiło, że nasi klienci czuli, że ich cenimy i byliśmy naprawdę wdzięczni, że nas wybrali.

Następnym razem podziękuj osobie, która właśnie trzyma dla ciebie otwarte drzwi i spójrz na nie, gdy to zrobisz. Podziękuj swojemu przełożonemu za umożliwienie ci wzięcia urlopu, nawet jeśli masz do niego prawo. Dziękuj im znacznie częściej, i to nie tylko wtedy, gdy twoi bliscy ludzie składają ci życzenia urodzinowe. Podziękuj swoim partnerom szkoleniowym, którzy poświęcają czas na szkolenie z tobą. Najwięcej zyskujesz na szczerej wdzięczności. Czy wiesz, dlaczego ojciec założyciel Jigoro Kano uznał ukłony za niezbędne w judo?

Judoka kłaniał się przede wszystkim z szacunku dla swojego partnera treningowego. Po drugie, kłaniają się z wdzięczności. Podziękuj swojemu partnerowi za szansę, którą ci daje. W końcu pozwala poprawić swoje umiejętności techniczne. Dlatego wdzięczność jest nieodzowną częścią sztuki judo. "Rei."

28. Przyjaźń pomaga wyjść z samotności

"Prawdziwym przyjacielem jest ten, kto bierze twoją rękę, ale dotyka twojego serca." - Gabriel José García Márquez

Trener teakwondo obserwuje swoich uczniów podczas treningu rozgrzewkowego. Wie, jak wielu z nich robi coś razem w wolnym czasie. Z doświadczenia zdawał sobie również sprawę z tego, dlaczego rozwijają się trwałe i silne przyjaźnie, zwłaszcza wśród sztuk walki. Z jednej strony ludzie nie są stworzeni do samotności, z drugiej strony silne przyjaźnie istnieją wśród silnych ludzi. Według trenera taekwondo przyjaźnie istnieją nie tylko między dwiema osobami, ale także między społecznościami.

"Relacja wyznawców taekwondo opiera się na wzajemnej skłonności do sztuk walki, pomocy i zaufania. Wzajemny szacunek jest kolejnym czynnikiem. Równość charakteru, szacunek, wzajemne przyciąganie i intymna znajomość są również nieodzowną częścią prawdziwej przyjaźni. Inni natomiast powołują się na pokrewieństwo jako warunek konieczny. Ludzie, jako istoty społeczne, muszą zwracać się do swoich bliźnich i dotrzymywać im towarzystwa. Kluby sztuk walki spełniają te potrzeby. Co więcej, jako wieloletni członek taekwondo zauważyłem, jak korzystne dla mojego dobrego samopoczucia są moje przyjaźnie, które rozwinęły się tutaj w dojo. Ponadto sztuki walki promują szczerość i uczciwość. Regularnie zauważyłem te cechy u moich towarzyszy taekwondo. Szczerzy przyjaciele to prawdziwa rzadkość. Z drugiej strony, samolubni przyjaciele są częstym zjawiskiem. Co więcej, prawdziwe przyjaźnie również wymagają opieki, rozpadają się, gdy nie są ze sobą zaznajomieni. Przyjaciele dadzą ci swoje szczere opinie, będą cię wspierać i bronić w trudnych sytuacjach. Prawdziwi przyjaciele śmieją się z nami w szczęściu i dzielą nasz smutek. Głębokie i pełne uczucie powstaje dzięki wzajemnemu szacunku i zaufaniu, które okazujecie sobie również w dojo. Co więcej, przyjaźnie wymagają uczciwej uwagi. Postępują na poziomie duchowym, a mniej na poziomie emocjonalnym, takim jak miłość. W sztukach walki wymagaj szacunku dla swoich partnerów treningowych. Ponadto uczysz się czegoś nowego i dobrze się bawisz. Po pewnym czasie rozwijają się z tego trwałe przyjaźnie. Teraz weź pazury i poćwiczmy kopnięcie do przodu. Podczas gdy jeden partner treningowy trzyma pazur na biodrze, drugi kopie taekwondokę.

Mistrz taekwondo obserwuje, jak zaawansowany zawodnik sztuk walki wyjaśnia początkującemu, dlaczego dolna noga chowa się w ten sam sposób po kopnięciu.

Przyjaźń wymaga pomocy, szacunku, szacunku i uczciwości. W dojo te cechy są kultywowane przez osoby obecne podczas treningu. Każda istota społeczna jest przyciągana do człowieka, który lubi oferować swoją pomoc, nie oczekując niczego w zamian. Co więcej, nie tylko w ćwiczeniach partnerskich, jak i w kroku naprzód, każda osoba, którą spotykamy w dojo, może nas czegoś nauczyć. Przyczyniamy się również do ich rozwoju. Sztuk walki łączy przede wszystkim wspólne zainteresowanie wybranym przez siebie sportem. W moim życiu odkryłem, że nie mogę oczekiwać pomocy od nikogo poza moimi prawdziwymi przyjaciółmi.

Poznałem moich najlepszych przyjaciół podczas

treningu. Jestem przyjazny dla wszystkich, których spotykam, ale wybieram ludzi, których wpuszczam do mojego życia na stałe. Bardzo wysoko oceniam również psychologiczny pogląd, że jesteśmy przeciętną piątką naszych najbliższych przyjaciół. Co zabawne, trzech moich bliskich powierników to również zawodnicy sztuk walki. Dla mnie sztuki walki to coś więcej niż tylko sport. To dom, w którym zaprzyjaźniłem się na całe życie. Mój ból, moje lęki, moja niepewność czy moje rany nie dzielą się ze wszystkimi. Ale jeśli zdecyduję się powierzyć je osobie, to dlatego, że uważam ją za prawdziwego przyjaciela. Podczas moich podróży zagranicznych nigdy nie mogłem powstrzymać się od przeglądania dojo w poszczególnych krajach i pomagania w szkoleniu. Tam nie tylko zdobyłem nową wiedzę, ale także poznałem prawdziwych przyjaciół, na których mogę liczyć. To zawsze ludzie brali mnie za rękę, ale dotykali mojego serca."

29. Uczciwość zapewnia wewnętrzną siłę

"Uczciwi i otwarci ludzie tracą wiele rzeczy, ale nigdy nie tracą swojej twarzy." - *Z Germany*

Dziś jest jeden z tych dni treningowych, kiedy zwolennicy brazylijskiego jiu-jitsu przygotowują się do kolejnych zawodów. W związku z tym nacisk kładziony jest na ćwiczenie technik, w tym walki. Jednak celem trenera jest pokazanie swoim uczniom poprzez sztuki walki, dlaczego szczerość jest nie tylko wewnętrzną siłą na treningach czy zawodach, ale także pomaga w życiu prywatnym i zawodowym. Nawiasem mówiąc, brazylijskie jiu-jitsu, którego skrót to BJJ, jest dalszym rozwojem sztuk walki jiu-jitsu i judo.

Jednak w porównaniu z pozostałymi dwoma sportami BJJ skupia się na podłodze. W dojo mistrzowie uczą jednak skutecznych technik rzucania z pozycji stojącej. Walki BJJ zazwyczaj rozpoczynają się w pozycji stojącej. Zawodnicy noszą Gi. Po odbiciu przechodzą do grapplingu. Aby wyjść z walki jako zwycięzca, zawodnicy mają dwie opcje. Sędziowie przyznają im punkty lub przewagę za korzystne działania lub stanowiska. Te ostatnie są znane jako zalety. Wierzchowiec jest pozycją, w której myśliwiec siedzi na klatce piersiowej przeciwnika. Jest to uważane za korzystne. Jako druga odmiana możliwe jest zamiatanie. Tutaj gorszy myśliwiec dokonuje opłacalnej zmiany z gorszej pozycji na lepszą pozycję. Jednak niezależnie od wyniku, zwycięzca również poddaje przeciwnika poddaniem. Podobnie jak judoka uderzają w matę lub w ciało przeciwnika. W ten sposób sygnalizują swoją kapitulację. Zawodnicy BJJ wykonują poddanie przy użyciu technik dźwigni lub duszenia.

Jeśli żaden z zawodników nie przyniesie poddania, wygrywa ten, który otrzymał najwięcej punktów. Trener obserwował swoich uczniów podczas walki po intensywnym treningu rozgrzewkowym. Jest szczęśliwy, ponieważ widzi, że jego uczniowie zinternalizowali zasadę uczciwości. Nikt obecny nie szczypie, kopnie ani nie uderza przeciwnika. Działania te są zabronione nie tylko w judo, ale także w brazylijskim jiu-jitsu.

"Podczas treningu walczysz uczciwie, aby wyjść zwycięsko z walki. Jeśli podczas zawodów ugryź, uszczypnij, kopnij, uderz lub pociągnij za włosy przeciwnika, sędziowie natychmiast zdyskwalifikują cię. Wyjdziesz z tej walki jako przegrany. Musisz tylko walczyć uczciwymi środkami, na które składają się twoje umiejętności, wiedza i dozwolone techniki. Uczciwe walki są wolne od oszukiwania.

Równie ważną rolę w życiu codziennym odgrywa uczciwość. To nie przypadek, że uczciwi ludzie są wysoko cenieni przez swoich bliźnich. To także niezawodność. Inni, którzy preferują nieuczciwy wariant, postępują w ten sposób, aby być lepszym, nie krzywdzić bliźnich, cieszyć się krótkim odpoczynkiem, wspinać się o krok po drabinie kariery, unikać nieprzyjemnych sytuacji w miarę możliwości, dawać pocieszenie sobie i innym, ukrywać strach przed własną niepewnością i wzmacniać swoje ego. Uczciwość czasami utrudnia życie zewnętrzne, podczas gdy pomaga wzmocnić wewnętrzny spokój. Uczciwi ludzie lepiej śpią. Bez szczerości nie zrobisz postępów w sztukach walki, ani nie osiągniesz wymiernego sukcesu. W perspektywie krótkoterminowej nieuczciwe zachowanie wydaje się lukratywne. Jest to jednak prawdą tylko przez krótki okres czasu. Prędzej czy później prawda wyjdzie na jaw. Dlatego uczciwość opłaca się w sztukach walki, w relacjach społecznych, a także w życiu prywatnym i zawodowym. Oczywiście, nie powinieneś ciągle mówić swoim bliźnim swojej opinii na ich twarzach. W praktyce mądre milczenie często okazało się lepszą alternatywą.

Zanim zaczniesz mówić, powinieneś zadać sobie pytanie, czy to, co zamierzasz powiedzieć, jest prawdą. Jeśli zaprzeczysz pytaniu, milcz. Zastanów się również, czy to, co komunikujesz, jest sensowne i przydatne. Jeśli odpowiesz przecząco, milcz. Powinieneś również rozważyć, czy to, co zamierzasz powiedzieć, jest konieczne. Jeśli jest to niepotrzebne, powinieneś również preferować ciszę. Jednak uczciwość wyraża się nie tylko w słowach, ale także w czynach. Uczniowie, którzy przystępują do egzaminu, lepiej przystępują do niego uczciwie, bez kopiowania lub oszukiwania arkuszy. Sprzedawcy, którzy sprzedają telefon komórkowy i twierdzą, że będzie trwał osiem lat, mimo że wiedzą, że po czterech latach nie będzie już działać, są nieuczciwi. Właściciel restauracji, który oferuje swoim gościom posiłek i twierdzi, że danie jest wolne od sztucznych dodatków, straci je, gdy tylko spróbują prawdy. Kandydaci, którzy twierdzą, że posiadają umiejętności wymagane przez pracodawcę, zostaną ujawnieni najpóźniej w momencie ich zatrudnienia. To kłamstwo będzie kosztować ich pracę.

Jak widać, nieuczciwi zawodnicy tracą prawo do udziału w zawodach nie tylko w BJJ. Studenci, którzy oszukują na egzaminach, również tracą prawo do ich zdawania. Sprzedawcy, którzy składają fałszywe obietnice swoim klientom, tracą konkurencję o porównywalne przewagi konkurencyjne. Właściciele restauracji, którzy rozczarowują swoich klientów, tracą reputację. Z drugiej strony uczciwi ludzie nie tracą ani wewnętrznego spokoju, ani twarzy."

30. Szczerość charakteryzuje silne osobowości

"Szczerość jest pierwszym warunkiem wszelkiego duchowego stworzenia." - Sully Prudhomme

Sztuki walki to coś więcej niż sport. Działalność ta reprezentuje filozofię życia. Obserwujący doświadczają intensywnego wzmocnienia podczas treningu. Osoby początkowo słabsze psychicznie i fizycznie cieszą się wzmocnieniem ciała, umysłu i ducha. Ci, którzy od początku byli jednymi z bardziej pewnych siebie osobowości, z czasem stają się jeszcze bardziej pewni siebie. Proces ten znajduje odzwierciedlenie w ich szczerości. Tymczasem ta cnota należy do dóbr rzadkich. Jednak trenerzy sztuk walki zachęcają swoich uczniów do praktykowania tej cnoty zarówno w dojo, jak i w życiu codziennym.

Uczciwi ludzie stoją za swoimi uczynkami i słabościami. Co więcej, nie mają problemu z przyznaniem się do błędu. Szczerość wymaga również uczciwego dążenia do celu. W dzisiejszym treningu ninjutsu trener instruuje swoich uczniów o szczerości za pomocą tej sztuki walki. Tylko ci, którzy nie praktykują ninjutsu połowicznie, ale szczerze, dojdą do stopnia mistrza. Szczery wysiłek i dążenie do poprawy wymagają tej sztuki walki. Nin oznacza sekret, ukryty, serce, wytrzymałość i cierpliwość. Jutsu oznacza sztukę i umiejętności. Ninjutsu oznacza sztukę wytrwałego serca.

Techniki, takie jak zamiatanie stóp ze stojaka podłogowego, wymagają wytrwałości. W każdym treningu uczniowie starają się szczerze wykonywać ćwiczenia. Bez szczerego wysiłku niemożliwe jest prawidłowe i roztropne wykonanie tego konkretnego zamiatania stóp. Na pierwszy rzut oka ten wykop wydaje się prosty, ale pozory są zwodnicze. Zanim uczeń ninjutsu znajdzie się w odpowiedniej pozycji do wykonania zamiatania, najpierw wykonuje technikę spadania.

W jiu-jitsu jest to znane jako "updek na dłonie". Dłonie znajdują się po lewej i prawej stronie ciała, poniżej klatki piersiowej. Wskazują w górę. Stopy są zamknięte. Z tej pozycji zawodnicy skaczą do tyłu, obracając dłonie. Dlatego lądują na przedramionach i dłoniach, nogi są lekko okrakiem. Dzięki tego rodzaju ćwiczeniom spadającym zawodnicy nie są już pod kątem, w którym ich partner normalnie ich spotyka. Ponieważ zawodnicy są na czworakach, wyciągają lewą nogę. Przenoszą również ciężar ciała na prawe kolano i używają prawej ręki, aby utrzymać równowagę. Poruszają też lewą nogą w półkolu wokół własnych bioder. W międzyczasie, jeśli zostaną prawidłowo wykonane, uderzą w kolana swojego partnera treningowego.

Technika ta jest wykonywana tylko przez zaawansowanych uczniów. Początkujący mogą zranić siebie i swojego partnera. Tylko ci, którzy dokładają szczerego wysiłku, aby poprawić, nauczą się kopać ogon smoka. Niezawodność jest związana ze szczerością. Osoby przystępujące do kursu Zaawansowanego charakteryzują się rzetelnością w zakresie regularnego uczęszczania na szkolenia. Nie tylko ninjutsu, ale także karatedo wymaga szczerości od swoich trenerów i studentów. Powitanie na początku i końcu szkolenia działa jako symbol tej cechy charakteru. Pozdrowienie pokazuje, że obecni działają w zgodzie w słowie i uczynku. Trener ninjutsu i karate wyjaśnia, dlaczego szczerość jest zaletą w życiu codziennym na małym przykładzie.

"Szczerość, nie oznacza tylko utrzymania swoich działań lub stanie przy nich. Szczerość wymaga również niezawodności. Jako szczere sztuki walki, trzymacie się zgodności i porozumień. Szczerość oznacza również obiektywizm. Szczere osoby mogą sprawiedliwie oceniać siebie i swoich bliźnich. Szczerość jest pierwszym warunkiem udanej pracy duchowej. Szczerzy pracownicy firmy pomagają osiągnąć komparatywne przewagi konkurencyjne. Szczerzy uczniowie, stażyści lub studenci pokonali przeszkodę udanego tworzenia intelektualnego i osiągnęli dobre wyniki. Nie tylko umawiają się na egzaminy, ale także starają się internalizować nauczany materiał. Z tego powodu szczerość pomaga na wiele sposobów w codziennym życiu. Szczerość jest jedną z cech silnych osobowości."

31. Roztropność jest niezbędna w sztukach walki

"Nic na świecie nie jest naprawdę pożądane, co nie jest w zasięgu jasnego umysłu i rozważnego działania." - Edmund Burke

Roztropność jest jedną z cnót, która ma wiele zalet zarówno w sztukach walki, jak i w życiu codziennym. Ostrożni ludzie działają ostrożnie i dobrze przemyślani. Ponadto dążą do pewnego celu, wykonując swoje czyny. Rozważne działanie wymaga przestrzegania pewnych zasad. W sztukach walki ćwiczenia partnerskie są główną częścią treningu. Starsi wojownicy zwracają uwagę na odpowiedni środek w stosunku do swoich młodszych towarzyszy, mają oko na swoich partnerów, ćwiczą rozwagę i od czasu do czasu cofają się. Kolejnym warunkiem przeprowadzenia rozważnego szkolenia jest prawidłowe wykonanie technik bez zranienia partnera podczas szkolenia. W sztukach walki towarzysze zwracają na siebie uwagę. Dlatego mistrz karate ma na celu nauczanie swoich uczniów, dlatego rozważny trening ma również pozytywny wpływ na ich codzienne życie. Doradza im wielką troskę w życiu prywatnym i zawodowym.

W Karate występuje specyficzny, frontalny atak pięści, od którego atakowana osoba odpiera. Napastnik celuje w twarz, głównie w nos. Istnieje wiele metod, aby odeprzeć ten atak pięści.

Podczas tego ćwiczenia obaj partnerzy są w pozycji bojowej. Tymczasem ich ręce chronią twarze jak zaciśnięte pięści. Atakujący idzie do przodu prawą nogą i celuje prawą pięścią w nos przeciwnika. Obrońca skręca lewą nogą w lewą stronę, lekko pochylając się, ale wciąż poruszając się do przodu. Obraca górną część ciała w bok i blokuje pięść lewą szprychą. Jego głowa w ten sposób elegancko ucieka przed atakiem pięści. Następnie obrońca chwyta prawą ręką prawe ramię napastnika, pociąga go lekko do przodu i wskazuje prawym kolanem uderzenie w splot słoneczny. Ta technika polega nie tylko na skutecznym odparciu ataku pięścią, ale także na obezwładnieniu napastnika. Uderzenie w splot słoneczny jest idealnym rozwiązaniem. W szkoleniu ostrożność jest najwyższym przykazaniem. Mistrzowie sztuk walki praktykują te techniki, a mimo to nie robią sobie krzywdy, ponieważ ich trenerzy wpajają im ostrożność od samego początku.

W treningu judo również judocy traktują się ostrożnie. Rzut barkiem zwany Seoi-Nage rani Uke, jeśli Tori nie zrobi tego ostrożnie. Podczas wykonywania tej techniki judo obrońca rzuca napastnika przez ramię. Jeśli nie jest ostrożny z rzutem na ramię, partner może zostać poważnie ranny, nawet jeśli opanował śniadania.

Program jiu-jitsu zawiera rzut, który jest również powszechne w judo. To się nazywa Tomoe-nage. Działa jako technika ataku. Wykonawca chwyta partnera w Gi i albo skacze obiema stopami w biodro, albo po prostu kładzie prawą stopę na linii pasa. Tymczasem odwraca się do tyłu, a on ciągnie partnera za kołnierz w jego kierunku i popycha go stopą. Następnie obaj lądują na plecach. Jednak ten, kto wykonuje technikę rzucania, wykonuje rzut do tyłu, a następnie siada na górnej części ciała napastnika. Na koniec wskazuje technikę duszenia kołnierzem przeciwnika. Technika ta wymaga nie tylko praktyki i kilku lat intensywnego treningu, ale także ostrożności.

Jeśli zostanie wykonany nieprawidłowo, zarówno atakujący, jak i obrońca doznają poważnych obrażeń. Niemniej jednak praktycy jiu-jitsu ćwiczą ten rzut, nie raniąc się w tym procesie. Wynika to z ich ostrożności, którą internalizują podczas szkolenia. Dlatego trener jiu-jitsu uczy swoich uczniów pod koniec treningu, dlatego roztropność wymagana w sztukach walki jest również dobrym towarzyszem w życiu codziennym.

"Roztropność jest nie tylko niezbędna w sztukach walki i sportach walki, ale także w życiu codziennym. Wykonujesz skomplikowane techniki i zawsze dbasz o to, aby nie zranić siebie lub swojego partnera treningowego. Efektywnie wykorzystujesz swoją wiedzę i umiejętności. W życiu codziennym powinniście być ostrożni ze swoimi myślami wobec siebie, uważni ze słowami wobec bliźnich i uważni ze swoimi czynami. Twoje myśli są potężną bronią, która najpierw wpływa na twój umysł, potem na twoje zdrowie, a na końcu na twoje życie. Jeśli nie wybierzesz ich mądrze, ryzykujesz przyciągnięcie problemów, a nie rozwiązań. Pozytywni ludzie mają również negatywne myśli, ale nie pozwalają im ich zniszczyć. Pomyśl o swoim spojrzeniu na rzeczy w taki sposób, aby nie zranić się w tym procesie, mentalnie. Dobieraj słowa ostrożnie i w życiu codziennym uważaj, aby nie zranić bliźnich. Podczas szkolenia stawiasz na staranną współpracę. Zrób to samo z wyborem słów.

Są ostrą i niedocenianą bronią. Nie musisz używać przemocy, by kogoś skrzywdzić. Możesz to zrobić nawet ze słowami, które nie są naznaczone roztropnością. Wreszcie, twoim działaniom powinna towarzyszyć ostrożność. Jednak twoje działania są często kombinacją twoich słów i działań. Pamiętaj, że twoim celom i intencjom towarzyszy nie tylko jasny umysł, ale także rozważne działanie.

32. Dobro reprezentuje charakter sztuk walki

"Zaprzyjaźnij się z dobrocią człowieka, a nie z jego dobrami." - Z China

Życzliwość i dobra wola oznaczają nie tylko wysoką jakość osoby, ale także wielkość osoby. Ten rodzaj człowieczeństwa przekształca jednostki w osoby uważne wobec siebie, swoich sąsiadów i otoczenia. Niestety, pojęcie niematerialnej dobroci zostaje utracone. Ponieważ koncepcja ta jest bardziej abstrakcyjną cechą charakteru, większość ma tendencję do rozumienia powiązanych pojęć, takich jak dobroć, ciepło, dobroć serca i życzliwość. Dobroć jest również złożoną cechą charakteru, ponieważ składa się z różnych rodzajów zachowań. Uważne osoby rozpoznają dobrych ludzi przez ich cierpliwość wobec bliźnich. Życzliwi ludzie zawsze widzą pozytywy w innych. Ponadto nie skupiają się one wyłącznie na własnych korzyściach. Wyróżniają się również uczciwością, szacunkiem i empatią. W aikijitsu trenerzy przywiązują dużą wagę do przekazywania ludzkiej siły charakteru zwanej życzliwością, jeśli nie jest to wymawiane w ich uczniach. Dlatego zawsze mają na celu kultywowanie i rozwijanie tej rzadkiej jakości wśród praktyków aikijitsu. W tradycyjnej sztuce walki, która ma swoje pochodzenie w Japonii, estetyka i harmonia biorą główną rolę. Techniki te charakteryzują się nie tylko okrągłymi i delikatnymi ruchami, ale także bezkompromisowymi i twardymi procedurami. Dzięki takiemu połączeniu powstała skuteczna sztuka walki.

Obroty działają jak broń, aby doprowadzić atakującego z równowagi, a tym samym do upadku.

Ponadto, aikijitsu zawiera skuteczne dźwignie. Te zmuszają przeciwnika do bojowego zadania. Techniki dźwigni działają jako skuteczna metoda pokonywania fizycznie lepszych przeciwników. Oprócz tego, aikijitsu obejmuje ciosy i kopnięcia. Japońska broń jest również częścią tej sztuki walki. Szkolenie koncentruje się nie tylko na rozwijaniu lepszego poczucia równowagi i większej pewności siebie, ale także na wzmacnianiu dynamiki osobistej. To z kolei ma pozytywny wpływ na miłość do siebie, dobroć i życzliwość. W aikijitsu istnieje technika zwana przytulanie niedźwiedzia od tyłu.

Trener pozwala swoim uczniom ćwiczyć ten atak i odpowiednią obronę. Wykonuje je jednak kilka razy powoli. Napastnik przytula swojego partnera treningowego od tyłu. Cała górna część ciała jest prawie nieruchoma. Niemniej jednak istnieje możliwość skutecznego uwolnienia się z tego uścisku. Aby to zrobić, trener jednocześnie przesuwa górną część ramion na zewnątrz, jednocześnie przesuwając środek ciężkości w dół, lekko kucając. W ten sposób dosłownie wyślizguje się z uchwytu. Następnie obraca się o 180 stopni w prawo, utrzymując kontakt z napastnikiem własną prawą ręką. Przytrzymuje przy tym prawy nadgarstek napastnika. Jednak lewą ręką trener chwyta palec wskazujący i środkowy partnera. Wygina je do tyłu, aż się zatrzymają. Tym samym zmusza przeciwnika do kolan. Nawet ci, którzy mają dobry odcinek, nie mogą już wytrzymać bólu po pewnym momencie. Następnie zmienia ręce i wykonuje dźwignię prawą ręką, natomiast wskazuje kopnięcie w kierunku splotu słonecznego.

"Ta technika wyzwolenia wymaga wykonywania estetycznej rotacji i dynamicznych ruchów, które harmonijnie się łączą. Musisz uwolnić się z kręgu, w którym się znajdujesz. Robisz to samo w życiu codziennym. Aby zachować swój wewnętrzny spokój, warto zastosować technikę wyzwolenia w innych sytuacjach. Wyróżnij się od średniej, wyróżniając się poprzez dobroć i dobroć. Te dwa określenia oznaczają harmonię. Atakowanie od tyłu pomaga kultywować dobroć. Między innymi wymaga cierpliwości. Podczas gdy ćwiczysz tę technikę, ćwiczysz swoją cierpliwość. Udowodniłeś, że jesteś osobą cierpliwą. W końcu ta technika jest zaawansowanym ćwiczeniem. Ćwicząc tę technikę w dojo, udowodnisz, jak każda miła osoba, że nie jesteś tylko dla własnego dobra. Pomagacie sobie nawzajem. Życzliwość, ale siła charakteru, wymaga również uczciwości. Szczerze motywujcie się do dalszej pracy. Ponadto podczas treningu wytykacie sobie nawzajem swoje słabości. Ta technika wyzwolenia wymaga również szacunku wobec partnera, nawet jeśli symuluje on atak. Szacunek należy do dobroci i dobroci. Ponadto technika ta wzmacnia twoją pewność siebie. Pozwala to reagować na ataki fizyczne lub słowne. Ponadto ludzie, którzy mają dużą pewność siebie, lepiej stawiają się w pozycji innych. Jako silne osobowości mają wysoki stopień empatii, co z kolei jest częścią dobroci. Wiesz, że dobroć i życzliwość wspierają cię w codziennym życiu. Uprzejmi przełożeni są znacznie bardziej popularni wśród swoich pracowników. Życzliwi nauczyciele częściej zdobywają zaufanie swoich uczniów. Życzliwi studenci i stażyści są bardziej niezawodni. Daje im to znaczne korzyści. Ponadto ich środowisko nie postrzega ich jako mających silny charakter za nic. Ale ważniejszy od siły jest wewnętrzny spokój, który nosi w sobie każdy, kto jest miły i życzliwy. Regularne szkolenia aikijitsu pomagają rozwijać i kultywować te cechy.

33. Zaufanie wzmacnia relacje interpersonalne

"Równie źle jest ufać każdemu jak i nikomu." - *Seneka*

Wiele powodów wiąże mistrzów sztuk walki z wybranym przez nich sportem. Z drugiej strony zaufanie jest najsilniejszym argumentem za związaniem ich dojo. Zawodnicy osiągają swoje cele tylko wtedy, gdy ufają swojemu trenerowi. Dzięki wieloletniemu doświadczeniu nauczyciel lepiej rozumie wyniki swoich uczniów. Pozwala im startować lub brać udział w egzaminie tylko wtedy, gdy jest mocno przekonany o ich kompetencjach. Uczniowie sztuk walki z kolei ufają swojemu mistrzowi. Nie kwestionują jego wypowiedzi i działań. Zarówno trener, jak i uczeń są konsekwentni i godni zaufania nie tylko wobec swoich bliźnich, ale także wobec siebie samych. Zaufanie jest podstawowym elementem relacji. W sztukach walki jest jednak niezastąpiony.

Zaufanie między nauczycielami, uczniami i innymi uczniami tworzy nieustraszoną i zrelaksowaną atmosferę treningową. Dzięki temu techniki szybko wychodzą na pierwszy plan. Jednak ani trener, ani uczniowie nie wymagają głębokiego zaufania. Z szacunkiem to żądanie działa. Z drugiej strony zaufanie buduje się z czasem. Nie jest to dar, który szybko rośnie. Zamiast tego rozwija się jak delikatna roślina, która rozwija się stopniowo. Z każdym treningiem staje się silniejszy. Zaufanie dojrzewa analogicznie do pasa studentów. Czas odgrywa ważną rolę w fazie budowania zaufania. Trenerzy przywiązują dużą wagę do wzajemnego zaufania, ponieważ wiedzą, że jest to jeden z niezbędnych dóbr funkcjonującego społeczeństwa. Ponadto nauczyciele wyjaśniają uczniom pochodzenie zaufania.

Składa się z dwóch części. Są one podzielone na pewność siebie i zaufanie do innych. Oba rodzaje zaufania odgrywają ważną rolę we wszystkich dojo. Zaufanie jest ważnym aspektem, który wzmacnia relacje międzyludzkie. Z drugiej strony nieufność lub nadmierna ostrożność powoduje niepohamowany dystans. Dlatego trener samoobrony dziękuje swoim uczniom za ich obecność. Tym gestem demonstrują swoje zaufanie do niego.

"Czy znasz różnicę między zaufaniem a znajomością? Ten pierwszy reprezentuje zwyczaj, który praktykujemy tutaj w dojo. Możemy na sobie polegać. Ta ostatnia natomiast powstaje po krótkim okresie wzajemnego poznania się, przez który przechodzimy z każdym nowym uczniem na początku. Budowanie zaufania to jednak długi proces dojrzewania. Można to zrównać z dojrzewaniem pasów. Nikt nie zmienia się z początkującego na dan-carriera po krótkim okresie treningowym. Ponadto zaufanie zawiera granice, które szanują wszyscy uczestnicy. Jednak ukrywanie własnych niedociągnięć jest częścią naruszenia zaufania.

Dlatego relacje zawodowe i prywatne opierają się na zaufaniu, które składa się z pięciu podstawowych zasad. Pierwsza podstawowa zasada polega na regularnej komunikacji. Pomaga uniknąć nieporozumień. Autentyczność to nazwa drugiej podstawowej zasady. Powinieneś także powiedzieć to, co czujesz, wredne lub myślisz. Nie oznacza to jednak ciągłego wypychania ust. Co więcej, taktyka i czas odgrywają ważną rolę w wiarygodności, która wynika z autentyczności. W rundzie przed wieloma osobami, nie jest właściwe, aby powiedzieć wiarygodne informacje o swoim partnerem. Uczciwość jest również częścią relacji zaufania. A jeśli kiedykolwiek znajdziesz się w sytuacji, czy to zawodowo, czy prywatnie, konieczności milczenia w pewnej sprawie, bardziej warto odpowiedzieć, nie będąc w stanie o tym mówić, niż przez zmyślone kłamstwo. Czwarta zasada zaufania wymaga, aby zaangażowane strony otwarcie radziły sobie ze swoimi błędami. Piąta zasada to czas. Zaufanie rozwija się stopniowo. W żadnym wypadku nie rozwija się z dnia na dzień. Co więcej, zilustruję, jak zaufanie do waszych bliźnich łączy się z pięcioma odległościami samoobrony.

Istnieje wiele technik ataku, które nie używają broni. Odbywają się one na pięciu dystansach. Pierwszą odległością od atakującego do przeciwnika jest wyciągnięta noga. Zazwyczaj jest to kopnięcie do przodu lub kopnięcie w bok. Masz do wyboru uniknięcie tego kopnięcia, obronę nogami lub przechwycenie go rękami. Następnie możesz zrobić zamiatanie stóp. Jeśli jednak zareagujesz w czasie, to ty decydujesz o długości dystansu. Atak pięści lub krawędź ataku ręki symbolizuje drugą odległość. Możesz zablokować atak pięści przeciwnika lewą ręką, a następnie wykonać pchnięcie podbródkiem lub uderzenie. Ponownie, utrzymujesz przeciwnika na odległość, reagując w czasie. Jeśli jednak atakujący zamierza uderzyć cię łokciem, będzie w twoim bezpośrednim sąsiedztwie. Nadal można bronić się przed tym atakiem na różne sposoby. Bezpośredni kontakt ciała składa się z czołowego uścisku niedźwiedzia. Technika ta jest stosowana w jiu-jitsu lub judo. Liczne techniki wyzwolenia i rzuty pomogą ci uwolnić się z tego uścisku. Grappling lub walka na ziemi reprezentuje piąty dystans. Ci, którzy ćwiczą judo lub brazylijskie jiu-jitsu pokonują swojego przeciwnika w grapplingu.

Ale co łączy te pięć odległości z tematem zaufania, relacji międzyludzkich, ostrożności i nieufności? Jak już wspomniałem, zdrowe zaufanie jest podstawą wszystkich relacji. Niemniej jednak zawsze powinniście zważać na to, jak bardzo ufacie swoim bliźnim i jak blisko pozwalacie im się do was zbliżyć. Chodzi o twoją samoobronę i zachowanie wewnętrznego spokoju. Nie pozwalamy sąsiadom zbliżyć się do nas jako dobrzy przyjaciele. Odnosi się to z jednej strony do dystansu, z drugiej do zaufania. Często instynktownie trzymałem się prawie stopy od sąsiadów. Oczywiście nie jest to prawdą, jeśli sąsiad jest jednym z moich dobrych przyjaciół. Nie dzielimy się naszymi osobistymi sprawami z ludźmi, którym mniej ufamy. W sklepie lub podczas rozmowy kwalifikacyjnej jesteśmy na odległość, która jest tak daleko, jak wyciągnięte ramię. Zwykle licznik lub konwencjonalny stół oddziela nas od tych ludzi. Dystans ten dotyczy również zaufania. Ufamy tym ludziom trochę bardziej niż tym, którzy są na naszym osobistym poziomie piątej odległości. Z drugiej strony, jesteśmy w odległości łokcia, gdy odwiedzamy naszego fryzjera. Dotyczy to również badania lekarskiego. Podobnie, nasza wiara w zdolności tej osoby jest podobna. Dodatkowo umożliwiamy cateringowi podejście do nas w sposób podobny do trzeciego dystansu w sztukach walki. Do tej pory ufamy tym osobom, choć nie mamy z nimi codziennego kontaktu. Ufamy fryzjerowi, aby stworzył naszą wymarzoną fryzurę. Ufamy, że lekarz sumiennie nas zbada i postawi rzetelną diagnozę. Ufamy, że firma cateringowa poda nam zamówione przez nas jedzenie. Czwarty i piąty dystans, z drugiej strony, wymagają bliskiego kontaktu fizycznego. Pozwalamy tylko ludziom zbliżyć się do nas, którym całkowicie ufamy. Należą do nich nasi rodzice, dzieci, rodzeństwo, krewni, przyjaciele i nasi towarzysze sztuk walki. Zaufanie wzmacnia relacje międzyludzkie, natomiast ostrożność, nieufność i dystans psychologiczny osłabiają je. Powinieneś rozważyć, do jakiego stopnia ufasz bliźniemu ludzkiemu. Użyj pięciu odległości sztuk walki jako przewodnika. Powinieneś jednak wiedzieć, że jeśli pozwolisz wielu ludziom zbliżyć się do siebie, otwierasz im możliwość, że nie docenią już wartości twojej bliskości. Z tego powodu warto zachować odpowiedni dystans do wybranych ludzi.

Niemniej jednak należy mieć świadomość, że wiele zachowań prowadzi również do utraty zaufania. Jeśli zaniedbasz decyzję lub nie czujesz, że konieczne jest dotrzymywanie terminów, stracisz zaufanie swoich bliźnich. Pod tym względem bliskość relacji zaufania odgrywa podrzędną rolę. Jeśli zawsze martwisz się o własną przewagę, nie zbudujesz trwałego związku zaufania. Jeśli twoje słowa i czyny są sprzeczne ze sobą, tracisz swoją wiarygodność. Ludzie, którzy ani nie zachęcają, ani nie wspierają swoich bliźnich w ich rozwoju, nie mają długoterminowych relacji zaufania. W treningu samoobrony wspieracie się jednak wzajemnie w dalszym rozwoju swoich umiejętności. Osoby, które postrzegają krytykę jako atak osobisty i dlatego natychmiast odeprzeć na poziomie słownym, nie cieszą się długoterminowym zaufaniem ze strony swoich bliźnich. Z tego powodu jako trener oferuję krytykę, jeśli twoje zachowanie pozostawia coś do życzenia. Obejmuje to nieuzasadnione spóźnienie lub przedwczesne opuszczenie dojo bez mojej zgody.

34. Lojalność pomaga znaleźć wewnętrzną osobowość

"Bądź lojalny wobec tych, którzy nie są obecni. W ten sposób buduje się zaufanie do tych, którzy są obecni." - *Stephen Covey*

Zazwyczaj mistrzowie w aikido noszą plisowaną spódnicę. W języku japońskim nazywa się Hakama. Posiada siedem zakładek. Stoją za cnotami:

- Lojalność - Chu
- Sprawiedliwość - Gi
- Szczerość - Shin
- Inteligencja, mądrość - Chi
- Uprzejmość, etykieta - Rei
- Honor, szacunek - Meiyo
- Dobroć - Jin

Dzięki regularnemu treningowi aikidoka stopniowo internalizuje te cnoty. Mistrz ujawnia im, jak jego były nauczyciel przeniósł go do lojalności wobec dojo. Wymagał od swoich uczniów nie tylko dyscypliny, szacunku czy zapału, ale także lojalności wobec ich sztuk walki. Czasami żartobliwie, czasami poważnie, twierdził, że akceptuje tylko trzy powody, dla których nie bierze udziału w szkoleniu. Po pierwsze, aikidoka jest zaangażowany w działalność, której godziny pracy kolidują z godzinami szkolenia. Rozumie to w przypadku pielęgniarek, zawodowych kierowców, strażaków, cateringów czy lekarzy. Po drugie, aikidoka wypełnił swoje zobowiązania rodzinne. Po trzecie, aikidoka postanowił odwrócić się od sztuki walki.

"Lojalność to nie tylko jedna z siedmiu cnót w aikido, którą reprezentuje nasza plisowana spódnica zwana Hakama, ale także ważna cecha charakteru silnych ludzi. Lojalność pomaga znaleźć wewnętrzną osobowość. Uczy cię, co jest dla ciebie ważne w życiu. Lojalność wobec twojej szkoły aikido wymaga od ciebie kontrolowania swoich emocji. Jest to związane z aspektem samokontroli. Jest to z kolei niezbędne dla relacji międzyludzkich wewnątrz i na zewnątrz dojo. Lojalność wymaga od was odkładania własnych interesów na bok dla dobra waszych bliźnich. Jednak głównym zadaniem lojalności jest praktykowanie ciszy. Jako aikidoka nie obrażasz nikogo słowami. Z jednej strony wiesz, że nie staniesz się przez to lepszy. Z drugiej strony, wiesz, że brzydkie gadanie o swoich współbraciach to niewyczerpany sposób na wychwalanie siebie. Dlatego jesteście lojalni wobec swoich rodziców, braci i sióstr, dzieci, krewnych, przyjaciół i innych bliźnich. Jesteś również lojalny wobec swojego pracodawcy. Niektórzy nawet wymagają tego przez prawo. Dlaczego ta cnota aikido pomaga ci w codziennym życiu?

Jeśli wiesz, komu jesteś lojalny, znalazłeś również swoją wewnętrzną osobowość. Jest to cecha charakterystyczna silnych osób. Jako lojalna osoba cieszycie się zaufaniem bliźnich. Lojalność kultywuje również spółdzielcze, współczujące, kochające i uprzejme zachowanie w tobie. Lojalność wymaga również uwolnienia się od potrzeby zdrady, oszustwa, niewierności lub plotek. Wszystko, czego potrzebujesz, aby rozwinąć tę zdolność, to żelazna wola. Regularny trening aikido działa jako wsparcie. Stopniowo przekonasz się, że podczas usuwania czterech przeszkadzających czynników jest to detoksykacja psychiczna. To sprawi, że poczujesz się lepiej. W ten sposób ustanowisz bezcenny wewnętrzny spokój. Pomoże ci opanować przeszkody, które napotykasz w codziennym życiu. Lojalność to nie wszystko, ale ułatwia sprawę.

35. Prostota umożliwia spełnione życie

"Linie proste nie są najkrótszą drogą do celu." - nieznany autor

"Nie tylko w karate, ale we wszystkich sztukach walki jest prostota. Zapewnia pożądany sukces trenującego. Ponadto działa jako recepta na szczęście podczas niezliczonych jednostek treningowych w dojo. W sztukach walki prostolinijność oznacza podążanie wybraną ścieżką lojalnie, odważnie i otwarcie. Zawodnicy sztuk walki zwykle nie odbiegają od tego wyboru. Zwykle idol pomaga im pozostać na właściwej drodze. Studenci sztuk walki uważają swojego mistrza za przykład. Idą w jego ślady. Akceptują liczne zasady. Regularny udział w treningu oraz przestrzeganie zasad dojo jest warunkiem koniecznym we wszystkich sztukach walki. Szacunek i uprzejmość wobec innych studentów odgrywają ważną rolę pod względem prostoty. To z kolei ułatwia uczniowi osiągnięcie wyznaczonych celów. Zaburzenia psychiczne nie mają szans w sztukach walki. Jednak bojownicy łączą prostotę z kreatywnością. Uzupełniają to empatią wobec bliźnich. Sama prostoliniowość nie jest skuteczna. Zamiast tego wymaga połączenia z innymi umiejętnościami. Karateka, aikidoka, judoka, taekwondoka, capoerista i wszyscy inni artyści sztuk walki żyją pojęciem prostoty podczas treningu. Pomaga im podjąć właściwą decyzję.

Co więcej, ta cnota promuje cele, sukces, moc, działanie i potwierdzenie. Są one ważne w czasach wypalenia zawodowego, ponieważ przekazują pozytywne nastawienie do życia. Prostoliniowość nie oznacza jednak, że jest to najkrótsza droga. Droga od ucznia do mistrza nie jest krótka. To samo dotyczy studenta architektury lub wybitnego stolarza. Zarówno architekt, jak i stolarz zmagali się z konfliktem psychicznym podczas szkolenia. Dotknęły ich różne wątpliwości. Niemniej jednak ukończyli oni szkolenie zawodowe. Jako trener karate, ja też napotkałem fazy, w których wątpiłem w siebie. Co jakiś czas stałem przed zadaniem. Na szczęście prostota, która jest na porządku dziennym w sztukach walki, powstrzymała mnie od tego. To wymaga ode mnie podążania wybraną ścieżką. Dlatego tak postępowałem w moim profesjonalnym szkoleniu. W szkoleniu było wiele technik, które mi nie odpowiadały. Mimo to nauczyłem się kopnięć i katas. Kopnięcie ręki sprawiło mi trudności, ale ponieważ chciałem zostać mistrzem, nie było sposobu obejścia tej techniki dzięki prostoliniowości. Tak więc walczyłem również z nudnymi fazami podczas mojego treningu. Prostota pomaga pielęgnować wewnętrzny spokój.

36. Empatia to siła ludzi bardzo wrażliwych

"Być empatycznym to patrzeć na świat oczami innych, a nie na nasz świat w ich oczach." - Carl L. Rogers

Trening judo koncentruje się na nauce technik. Sztuką jest jednak zastosowanie ich w a Randori. Judo oznacza "łagodną drogę i zwycięstwo przez poddanie się". Zasada ta okazała się lepszym podejściem nie tylko w sztukach walki, ale także w życiu codziennym. Techniki są zaprojektowane w taki sposób, że Tori wykorzystuje fizyczną moc Uke, aby wyłonić się jako zwycięzca walki. Ale jaką rolę odgrywa siła umysłu? Jakich jeszcze umiejętności potrzebuje judoka, aby wygrać a Randori?

Doświadczenie, wiedza, dyscyplina, wytrzymałość fizyczna i umiejętności są wśród innych cech, które są niezbędne. Co dokładnie mieści się pod pojęciem "umiejętności"? Z jednej strony są techniki, które powinni być w stanie wykonać; z drugiej strony powinni być w stanie postawić się na pozycji przeciwnika. Empatia odgrywa ważną rolę w życiu wojownika. Jest to zdolność do postawienia się w umyśle partnera bez osądzania go.

"W treningu judo można to zrobić lepiej niż początkujący po latach ćwiczeń. Wiesz, że jeśli twój partner idzie w kierunku pachy, może chcieć zrobić Seoi nail. Jeśli celuje w twoją szyję, jego celem jest ukończenie Koshi-Gorumy. Dzięki temu będziesz mógł zareagować na czas. W życiu prywatnym i zawodowym będziesz także w stanie wykorzystać swój wysoki poziom empatii, aby pójść znacznie dalej niż ignoranckie osobowości. Do tej pory empatia była uważana za siłę bardzo wrażliwych ludzi. Osoby te postrzegają swoje środowisko silniej niż ich bliscy ludzie. Są jednak bardziej wrażliwi na słowa. Często dostają oskarżenie, że są tak wrażliwi i traktują wszystko zbyt poważnie. Ale w porównaniu z ludźmi niewrażliwymi, ludzie wrażliwi zdobywają punkty ze znaczną przewagą: dzięki swojej wrażliwości lepiej stawiają się w pozycji swojego odpowiednika.

Umiejętność ta może okazać się pomocna w wielu sytuacjach życiowych. Dlatego nie tylko ćwiczymy rzuty czy chwyty, ale także Randori. Dzięki temu możesz trenować swoją empatyczną zdolność. Trening sztuk walki pomógł mi lepiej postawić się w sytuacji moich bliźnich. Nauczyłem się milczeć, a nie mówić. Naucz się słuchać swojego odpowiednika, aby go zrozumieć, a nie tylko odpowiedzieć. Podczas treningu twoja zdolność do empatii i przewidywania kolejnego kroku partnera treningowego może cię wygrać. Ci, którzy trenują boks lub kickboxing, mogą również przewidzieć następny ruch przeciwnika. Dzięki umiejętnościom reakcji i empatii unikają ataku lub skutecznie go bronią. Tę kompetencję posiadają również szachiści. Myślą strategicznie, aby przewidzieć następny ruch przeciwnika. To pozwala im przeciwdziałać w czasie.

W życiu codziennym istnieje wiele walk, które można walczyć spokojnie i wygrać dzięki wysokiej zdolności empatii. Załóżmy, że jesteś na rozmowie o pracę. W końcu jest to walka, nawet jeśli na pierwszy rzut oka wydaje się inna. Walczysz o pracę. Dostaniesz tę pracę, jeśli postawisz się na stanowisku rekrutera. Zadaj sobie pytanie, czego ci ludzie chcą od ciebie. Chcą, abyś przyczynił się do sukcesu firmy. Zadaj sobie pytanie, jak możesz osiągnąć ten cel. Zadaj sobie pytanie, jaką broń musisz wygrać w tej walce. W tym przypadku Twoja zdobyta wiedza, doświadczenie i reprezentacyjne wyniki działały jak broń, aby wygrać bitwę.

Właściciele restauracji, którzy zachwycają podniebienia swoich gości, wygrywają walkę o nagrodę, stawiając się w roli gości. Chcą dobrze przygotowanego posiłku gotowanego do rzeczy. Chcą również przyjaznej obsługi, która uśmiecha się, nawet jeśli są na nogach przez cały dzień. Chcą czystych sztućców i naczyń. Co więcej, odwiedzający restaurację nie chcą zamarzać zimą, a latem nie są upalne. Wszystko to jest niemal oczywiste, ale nadal warto regularnie odwiedzać naszego odpowiednika. Będziesz reagować lepiej niż ignoranci w różnych sytuacjach. Walczymy o coś niemal codziennie na żywo. Umiejętność patrzenia na świat oczami innych jest nie tylko siłą bardzo wrażliwych, ale także uważnych sztuk walki. Ta umiejętność pomaga nam albo wygrać liczne walki, albo odebrać im pouczające doświadczenie. Daje również wewnętrzny spokój, ponieważ odbiera pewną dozę niepewności. Co więcej, twoja wewnętrzna siła pozwala przeniknąć umysł przeciwnika. Ludzie, którzy nie są w pokoju ze sobą, w ogóle nie mają tej kompetencji.

37. Honor reprezentuje silnego ducha

"Honor jest obiektywny, opinia innych o naszej wartości i subiektywnie nasz strach przed tą opinią." - *Artur Schopenhauer*

Sztuki walki żyją z honoru. Nie tylko karateka, ale także inni wojownicy dążą do ideału w swoim społeczeństwie z poczuciem sprawiedliwości, honoru i godności. Tymczasem poczucie honoru oznacza charakter, przyzwoitość, pewność siebie i odwagę. Sumienny zawodnik sztuk walki dąży do wszystkich tych cech. Z reguły temat honoru dotyka znacznej większości dziecięcych nóg. Dzieci składają hołd rodzicom. Następnie przenoszą go do przyjaźni. Wraz z wiekiem ludzie traktują swoich sąsiadów, przełożonych, klientów i kolegów z honorem. Co więcej, termin honor obejmuje zachowanie szacunku wobec naszych bliźnich. Szacunek do samego siebie jest również częścią tego. Zawodnicy sztuk walki kultywują wszystkie te cechy w swoim dojo na boku.

Jednak mistrzowie i studenci regularnie cieszą się szczególnym momentem honoru-nagrodami pasa i dan. Zawodnicy sztuk walki uważają moment, w którym otrzymują wyższy stopień Kyu lub Dan za honorowy. Z jednej strony udowadniają, że są gotowi do doskonalenia danego programu, z drugiej strony demonstrują, że z godnością starali się o tę chwilę. Z reguły żaden uczeń, który otrzymał żółty pas w sztuce walki, nie przywiązuje się do wyższego, nie zdając egzaminu na ten wyższy kyu. Takie zachowanie jest niehonorowe. Jest to również niesprawiedliwe wobec tych, którzy zdobyli pas. Mimo że nigdy nie mówią tego podczas nadawania wyższego stopnia, zawodnicy zgadzają się stać lepszą wersją siebie - w sztukach walki, w życiu prywatnym i zawodowym. Zawsze mają na myśli ideał pokojowego współistnienia w swoim społeczeństwie. Mimo że w tym dynamicznym świecie wartość honoru prawie zniknęła w tle, nadal żyje w dojo. Należy do silnego ducha. Honor jest oznaką silnej osobowości. Co więcej, życie z honoru wzmacnia wewnętrzny spokój osoby.

38. Godność - symbol wewnętrznego spokoju

"Czynnikiem decydującym o godności jest i pozostaje wewnętrzna postawa wobec własnych działań." - Christa Schyboll

Wszystkie sztuki walki wymagają, aby wojownicy wykonywali je z godnością i dumą. Dlatego trener aikido zwraca uwagę swoim uczniom, aby mieli proste ramiona i proste plecy. Napomina ich, aby przyjęli postawę prostą, z bezpośrednim spojrzeniem. W ten sposób nie tylko regularnie ćwiczą zdrową postawę, ale także osiągają godny wygląd.

"Jako aikidoka wykonujesz swoje techniki z dumą i godnością. W tym przypadku to ostatnie reprezentuje podniesienie umysłu. Ale również symbolizuje twoją osobowość. Godność odzwierciedla miarę nadrzędnych cech danej osoby. Godność opisuje również twoje maniery i działa jako zewnętrzne piękno Twojego charakteru, które dostrzegają w tobie bliźni ludzie. Opisuje twój stan bycia i określa jakość twoich działań. W końcu starasz się zawsze zachowywać z szacunkiem. Na szkoleniu oczekuję od ciebie szczerości. Godność jest najlepszą bronią przeciwko kłamstwom. Uważam, że ta cecha charakteru jest niezwykle ważna i wymaga zastosowania jej w swoich technikach. W końcu odzwierciedla to twoją wewnętrzną postawę wobec własnych działań. Jak powiedziałem, wyprostowana postawa reprezentuje twoją wewnętrzną kondycję.

Jeśli wykonasz techniki połowicznie i z krzywym grzbietem, sygnalizuje to wewnętrzne niezadowolenie. Z drugiej strony, jeśli masz dwie koncepcje godności i dumy w głębi umysłu, automatycznie je urzeczywistniasz. Przyjmujesz prostą postawę; utrzymujesz kontakt wzrokowy ze swoim partnerem treningowym, a tym samym skutecznie zwalczasz wewnętrzną nierównowagę. Aikido ci w tym pomaga. Nasze techniki opierają się na prawach fizycznych, takich jak dźwignie, kinetyka i osie. Sekwencje ruchu odpowiadają technikom miecza japońskiej Katany. Obejmuje to zwłaszcza ciągnięcie w różnych kierunkach. Doskonale wiesz, dlaczego w miarę postępów treningowych zastępujemy siłę precyzją, elastycznością i koncentracją. Wszakże składniki te działają jako lepsza alternatywa. Podobnie jest z godnością w walce z nieuczciwością, oszczerstwem czy nieszczerością. Tak jak celność i koncentracja są lepszą bronią w walce, tak godność w życiu codziennym działa jako optymalna alternatywa we wszystkich walkach, z którymi mamy do czynienia. Nie blokujemy ataku. Zamiast tego, przekierowujemy moc tak, że my, jako obrońcy, skorzystamy na ataku.

Przed atakami słownymi potwierdzasz siebie z godnością, dumą i szacunkiem. W dojo stosujemy dwie zasady: Tenkan i Irimi. W tym pierwszym pozwalasz atakowi przejść obok ciebie eleganckim, dostojnym i dumnym ruchem skręcającym, a następnie pozwalasz mu dojść do harmonii z tobą. Podczas gdy w irimi natrafia się na atak w celu natychmiastowego zharmonizowania się z nim. Obie zasady wymagają od ciebie godnego i dumnego działania. Po pewnym czasie stają się dla ciebie drugą naturą. Następnie twoja godność będzie również żyć w wielu codziennych sytuacjach. Jesteście lepszymi wojownikami, którzy stawiają czoła swoim rozmówcom w wolnej gospodarce, świecie pracy lub w kręgu przyjaciół z wyprostowaną postawą i bezpośrednim kontaktem wzrokowym. Zyskujesz na tym na wiele sposobów. To właśnie wyróżnia cię spośród tych, którzy nie mogą rozstać się ze swoim smartfonem lub telefonem komórkowym. Cokolwiek zrobisz, podziel się tym z godnością. Odgrywa ważną rolę w kultywowaniu wewnętrznego spokoju."

39. Wzmacnianie charyzmy poprzez sztuki walki

"Charyzma jest przekazem entuzjazmu." - Ralph Archbold

Charyzma jest obecnie kojarzona z wyjątkową charyzmą i pewnym talentem. Szczególna atrakcja jest również ściśle związana z tym terminem. Na szczęście te aspekty są cechą charakteru, która może być rozwijana. Charyzma nie jest ani dobra, ani zła. Odgrywa ważną rolę w tym, do czego charyzmatyczni ludzie używają tej cechy. Charyzmę można nabyć. Co więcej, ten rodzaj charyzmy ma swoje źródło w wewnętrznej istocie osoby. Charyzma wiąże się również z pozytywną energią. Charyzmatycy również wyróżniają się na tle mas. Osoby te wykonują zadania, które wykonują. Ma to pozytywny wpływ na ich wewnętrzną satysfakcję. Promieniują na zewnątrz.

To samo dotyczy studentów sztuk walki. Realizują swoją wybraną sztukę walki, ponieważ naprawdę chcą, a nie dlatego, że muszą. Dlatego charyzmatyczni ludzie mogą wychowywać swoich bliźnich analogicznie do sztuk walki. Charyzmatycy i artyści sztuk walki zawsze szanują i widzą pozytywy w swoim otoczeniu. Nie oznacza to, że charyzmatycy są wolni od negatywności. Wręcz przeciwnie, walczą z tym na treningu. Tam pozbywają się uczuć takich jak gniew, nienawiść, gniew czy zazdrość. Podczas treningu osoby charyzmatyczne gromadzą pozytywną energię analogiczną do sztuk walki. Pomaga im czynić dobro. Inni definiują charyzmę jako przekaz entuzjazmu. Dotyczy to mistrzów sztuk walki. Przekazują swoją fascynację sztukami walki swoim uczniom. Charyzmatycy są tak atrakcyjni dla swojego środowiska, ponieważ są w pozytywnym nastroju i realizują swoją pasję. Ponadto ćwiczenia w sztukach walki są związane z postrzeganiem siebie. Jest to niezbędne dla wzmocnienia charyzmatu.

Charyzmatycy czują się komfortowo w swojej skórze. Tylko ci, którzy są zadowoleni ze swojej wewnętrznej istoty, znajdują wspólną płaszczyznę ze swoim otoczeniem. To znacznie ułatwia im radzenie sobie z codziennym życiem. Jednak sztuki walki wymagają również determinacji. Tak właśnie postępują charyzmatycy. Realizują swoje cele. Dają 110% na realizację swoich pomysłów. Dotyczy to również sztuk walki. Trenują przez lata, aby pewnego dnia zostać koronowanym mistrzem. Miły efekt uboczny, który wynika z treningu, znajduje odzwierciedlenie w wzorowej postawie. Wszyscy artyści sztuk walki trenują pompki. Wzmacniają one całe ciało. To sprawia, że prawie niemożliwe dla sztuk walki chodzić po świecie z krzywej postawy. Wyprostowany spacer z kolei ma pozytywny wpływ na głos, nastrój i charyzmę.

Wyczerpanie to nazwa magicznego słowa używanego przez charyzmatyków i sztuk walki. Ponadto zarówno ci pierwsi, jak i ci ostatni zwracają uwagę na dobre odżywianie. Obaj uważają swoje ciała za źródło energii. We wszystkich sztukach walki dobra postawa stanowi podstawę wszystkich technik. To samo dotyczy ludzi charyzmatycznych. Charakteryzują się one bezpiecznym stanowiskiem. Nie wiercą się; nie przechylają się tam iz powrotem ani nie muszą opierać się o ścianę. Zarówno spacer artysty sztuk walki, jak i kroki charyzmatycznej osoby wykazują pewność siebie. Co więcej, często mają szczery uśmiech na ustach. Ich oczy zawsze uśmiechają się do nich. Inną wspólną cechą charyzmatyków i artystów sztuk walki jest ich zdolność do życia tu i teraz. Oboje uważnie słuchają swojego rozmówcy. Tak więc liczne podobieństwa między sztukami walki i charyzmatem znacznie ułatwiają artystom sztuk walki stawanie się charyzmatykami.

40. Nic nie zastąpi powagi

"Kiedy ciekawość zamienia się w poważne rzeczy, nazywa się to pragnieniem wiedzy." - Marie Baron z Ebner-Eschenbach

Trener jiu-jitsu od dzieciństwa miał zwyczaj traktować wszystkie swoje działania poważnie. Jako dziecko z niezwykłym zaangażowaniem, determinacją i roztropnością podążał zarówno za regularnym szkoleniem, jak i zobowiązaniami szkolnymi. Nie tylko jego umysł, ale i serce skupiały się na zadaniu. Ci, którzy go znali, wcale nie byli zaskoczeni jego zawodowym i prywatnym sukcesem. Nie było też zaskoczeniem, dlaczego doszedł do stanowiska trenera jiu-jitsu i prezesa klubu. Sztuki walki wymagają nie tylko powagi od swoich zwolenników.

Z tego powodu wyznawcy jiu-jitsu regularnie i z oddaniem uczestniczą w treningach i nie siedzą w dojo. Są na treningu z całego serca. Dla artystów sztuk walki powaga jest nieodzowną cnotą, jeśli chcą poczuć wspaniałe efekty tej rekreacyjnej aktywności w życiu codziennym. Trener jiu-jitsu wcześnie odkrył, co kryje się za cnotą zwaną powagą; iść na trening nawet wtedy, gdy nie miał ani ochoty, ani zabawy. Niemniej jednak w pierwszych godzinach praktyki doświadczył, że powaga nie jest bynajmniej smutną rzeczą. Zamiast tego oznacza zaangażowanie, jak również doprowadzenie energii. Wraz z nadejściem lata dojo charakteryzuje się pustym pokojem ze względu na sezon wakacyjny. Dlatego mistrz werbalnie komunikuje zalety powagi swoim uczniom.

"Niektórzy studenci są na zasłużonych wakacjach i dlatego nie są obecni podczas szkolenia. Pozostali zdecydowali się dziś na długą wizytę na otwartym basenie. Nie mam nic przeciwko. Jednak trening jiu-jitsu latem odbywa się godzinę później. Tak, by każdy oddany uczeń miał możliwość odwiedzenia dojo pomimo wysokich temperatur występujących latem. Jiu-jitsu wymaga regularnego treningu, niezależnie od sezonu. Ci, którzy uważają, że latem jest zbyt gorąco, ale zimą niechętnie opuszczają swoje domy z powodu ujemnych temperatur, nie tylko nie mają dyscypliny, ale także nie mają powagi. Ci uczniowie również nie pozostają na tyle długo, aby poczuć magiczny efekt naszej sztuki walki. Jeśli twoim celem jest opanowanie technik jiu-jitsu, musisz poświęcić się szkoleniu. Zademonstruję potrzebę poważnych technik walki kijami.

Dzięki tej technice atakujący celuje kijem w czaszkę przeciwnika z przodu. Gdy tylko agresor wykona pierwszy krok z pozycji atakującej, obrońca przesuwa lewą stopę w lewo i blokuje cios prawym przedramieniem. Następnie chwyta prawy nadgarstek napastnika prawą ręką i lewą ręką z błyskawiczną prędkością. Tymczasem wykonuje półkolisty zakręt. Ponadto prowadzi górną rękę agresora przez własne ramię. Na końcu oba są prawie równoległe, podczas gdy obrońca wykonuje technikę dźwigni. Prawe ramię i przedramię atakującego znajdują się pod kątem 90 stopni względem siebie. Ponadto obrońca wykonuje technikę dźwigni, naciskając na punkty bólu z tyłu dłoni. To unieruchamia przeciwnika. Technika ta wymaga zaangażowania i powagi. W porównaniu z początkującymi technikami charakteryzuje się złożonością.

Studenci jiu-jitsu inwestują znacznie więcej czasu, aby bezbłędnie wykonać tę technikę obronną. Jednak nie uczą się obrony kija, gdy trenują, jeśli im się to podoba. Zamiast tego przychodzą do szkoły sztuk walki, nawet jeśli są zdemotywowani. Niemniej jednak trener zachęca ich do łączenia niezbędnej powagi z przyjemnością. Powaga działa jako postawa szczerości. Działa jak gorliwość, która jest rozbudzana przez umysł. Praktycy jiu-jitsu są nie tylko przemyślane, szczere i poważne, ale także wykazują silną wolę. Dążą do tego, by stawać się coraz lepszymi. Taka postawa umożliwia praktykom osiąganie świetnych wyników. Widzowie często przypisują pewien talent sztuk walki do trenera jiu-jitsu. On, z drugiej strony, podkreślił, że to entuzjazm i powaga, która dała mu " zwycięstwo " nazwać się mistrzem jiu-jitsu. Odnosił sukcesy nie tylko w treningu, ale także w życiu zawodowym.

Przypisuje ten sukces poważnemu poświęceniu się swojej działalności zawodowej. Według niego powaga pokonuje słabość, lenistwo, ból, przeciwstawia się niebezpieczeństwu i wzmacnia wytrzymałość, co z kolei zapobiega zmęczeniu.

"Powaga, jaką okazujesz w dojo, pomaga ci osiągnąć wielkie rzeczy w życiu zawodowym i prywatnym. Powaga działa również jako poświęcenie wszystkich umiejętności. Dobry cukiernik upiecze doskonałe ciasto tylko wtedy, gdy jest poważny i cierpliwy w swojej pracy. Jego powaga nie tylko wspiera jego determinację, ale także entuzjazm, który przekazuje swoim klientom poprzez swoją pracę. Powaga jest również źródłem twojej duchowej siły. Nie ma substytutu powagi. Dotyczy to jednak nie tylko cukiernika, piekarza czy kucharza, ale także wielbiciela języka obcego. Osoba ta uczy się innego języka tylko wtedy, gdy jest entuzjastyczna, zdecydowana i cierpliwa w nauce słownictwa i zasad gramatycznych danego języka. Z drugiej strony, jeśli jest on tylko połowiczny w swoim podejściu, nie wymówi poprawnego gramatycznie zdania. Nigdy nie zaszkodzi poważnie realizować codzienne zadania i wyzwania."

41. Oddanie budzi wewnętrzny spokój

"Ceną sukcesu jest poświęcenie, ciężka praca i nieustające zaangażowanie w to, co chcesz osiągnąć." - Frank Lloyd Wright

Dzisiejszy trening jiu-jitsu zaczyna się od ćwiczeń wytrzymałościowych. Trener ma na celu przypomnienie uczniom o cenie sukcesu. Zasadniczo utrzymuje tezę, że stałe oddanie jest niezbędnym towarzyszem nie tylko w treningu sztuk walki, ale także w życiu codziennym. Kiedy zaczynał od jiu-jitsu, sztuka walki wzbudziła w nim nie tylko pasję, ale także oddanie. Poczuł, jak stopniowo stał się częścią starej tradycji, która wielokrotnie wzmacniała nie tylko jego ciało, ale także duszę.

Na początku treningu wytrzymałościowego uczestnicy rozgrzewają się wymagającą gimnastyką. Następnie kontynuują spadające ćwiczenia. Gdy dobrze się rozgrzeją, kontynuują pompki. Jednak mistrz wymaga od swoich zawodników, aby umieścić piłki stóp na drewnianej ławce, aby wykonać ćwiczenie w tej trudniejszej postawie. Patrzy na zdyscyplinowane i zmotywowane twarze swoich uczniów. Potem zaczyna wyjaśniać.

"Tego rodzaju pompki wymagają od ciebie silnego zaangażowania. Musisz się bardziej skoncentrować. Do wykonania tego ćwiczenia używasz również znacznie wyższej siły. Twoje ramiona, brzuch, uda i łydki będą jeszcze bardziej napięte. W związku z tym będziesz tylko opanować podpory ławki z absolutnym oddaniem. To działa tylko wtedy, gdy pozostaniesz w teraźniejszości ze swoimi myślami. Do tego potrzebujesz mocy fizycznej i psychicznej. Jak tylko odpłynąć z myślami, nie są już w stanie zrobić te pompki. Świadomie wybrałem te bardziej uciążliwe pompki. Ponieważ w starej tradycji sztuk walki konieczne jest stawanie się coraz lepszym. Jeśli zawsze robimy 30 pompek, nasz rozwój będzie w stagnacji. Dlatego zwiększamy liczbę lub stopień trudności. Kontynuujmy teraz nasze techniki delikatnej sztuki samoobrony. Wiesz, że jiu oznacza delikatny, a jitsu oznacza sztukę walki. Teraz kontynuujemy technikę dla zaawansowanych uczniów jiu-jitsu. Nazywa się Kani Basami i rzucanie nożycami."

Zanim poprosił swoich uczniów o wykonanie tej techniki, zademonstrował ją na innym uczestniku. W tym celu najpierw stoi na lewo od partnera, zanim chwyta go prawą ręką za kołnierz Gis. W międzyczasie kładzie goleń poziomo na brzuchu partnera z lekkim naciskiem, podczas gdy jego lewa pięta delikatnie wpycha się w zagłębienie kolana partnera. Ponadto trener krótko opierał się na matach dłonią lewej ręki. Naciskając na brzuch i zagłębienie w kolanie oraz pociągając za kołnierz, zmusza partnera do upadku do tyłu.

"Ta technika nożycowa wymaga od ciebie nie tylko koncentracji i doświadczenia w sztukach walki, ale także absolutnego oddania. Uczę nożyczek do nóg tylko studentów, którzy udowodnili mi przez kilka lat członkostwa, że mogą trenować z oddaniem. Ta cecha pomaga w codziennym życiu na wiele sposobów. Jeden z moich studentów pracuje jako profesor. Wykłada zarządzanie biznesem na renomowanej uczelni. Inny praktyk jiu-jitsu pracuje jako tynkarz. Od dłuższego czasu odnosił wielkie sukcesy. Jeden z moich uczniów prowadzi instytut korepetycji dla dzieci. Kolejnym wojownikiem jest położna naczelna w klinice położniczej. A wszyscy moi uczniowie, którzy są rodzicami, charakteryzują się intensywnym oddaniem podczas wypełniania swoich obowiązków rodzicielskich. Wielu z was, którzy nadal uczęszczają do szkoły, szkoły szkoleniowej lub uniwersytetu, osiąga dobre wyniki. Nie muszę ci mówić, że automatycznie rozszerzasz to oddanie, którego wymaga od ciebie jiu-jitsu, na inne twoje działania.

We własnych czterech ścianach relaksuję się podczas gotowania. Przygotowuję posiłki z pełnym oddaniem. W rezultacie danie to cieszy nie tylko mnie, ale całą moją rodzinę. Ciężka praca nie wystarczy, aby odnieść sukces. Nieubłagane poświęcenie i absolutne oddanie są również wymagane. Aby internalizować termin oddanie, wyjaśniam również antonim tego wyrażenia. Opór jest odpowiednikiem oddania. Od czasu do czasu buntujemy się przeciwko naszej wewnętrznej lub zewnętrznej rzeczywistości. Od czasu do czasu również narzekamy na coś, jesteśmy na krótko sfrustrowani lub cierpimy z powodu wydarzenia życiowego. Albo postanawiamy zaakceptować tę chwilę i naszych bliźnich takimi, jakimi są. W tej chwili zewnętrzne okoliczności nie definiują już naszej wewnętrznej postawy. Ruch oporu zanika. Jeśli przyjmiemy sytuację lub doświadczenie takim, jakim jest, powinniśmy zadać sobie trzy pytania.

"Jak Mogę zmienić tę sytuację?"
"Jak mogę poprawić tę sytuację?"
"Jak mogę wyjść z tej sytuacji?"

Na przykład, jeśli nie jesteś zadowolony z wyboru studiów, zadaj sobie pytanie, kiedy możesz opuścić przedmiot i wybrać inny przedmiot. Jeśli jesteś niezadowolony ze swojej obecnej sytuacji życiowej, sprawdź, jak możesz to zmienić. Z drugiej strony, jeśli jesteś zadowolony ze swojej sytuacji osobistej lub zawodowej, zobacz, jak możesz ją poprawić. Skoncentruj się na teraźniejszości, nie patrz zbyt daleko w przyszłość. I nie zapominaj, że twoje podejście wymaga również cierpliwości. Jeśli nie masz możliwości opuszczenia lub zmiany obecnej sytuacji, nadal masz szczęście, aby całkowicie się jej poddać. Skup się na teraźniejszości. To działa cuda. Nie pozwól, aby czynniki wewnętrzne lub nawet tak zwane niepokojące uczucia, takie jak strach, poczucie winy, gniew lub zazdrość paraliżowały cię. Utrudniają skuteczne działanie. Skup się na teraźniejszości. To rozpuści wewnętrzne czynniki zakłócające. Są bezsilni wobec ludzi, którzy skupiają się na"teraz".

Zastanów się dalej, czy akceptujesz swoją obecną sytuację z pełnym oddaniem, czy po prostu masz postawę "zostaw mnie w spokoju" i "to nie ma dla mnie znaczenia". Jeśli te zdania pojawiają się podczas autorefleksji, jest to negatywny sposób myślenia. Pesymizm ten nie ma oddania, ale jest formą ukrytego oporu. Dlatego analizuj swoje plany, sytuacje życiowe i okoliczności. Zadaj sobie pytanie, czy jesteś tak oddany, jak jesteś w jiu-jitsu szkolenia. Zrób intensywną autorefleksję, aby dowiedzieć się, czy jest w tobie jakiś opór. Ten opór może przejawiać się w postaci myśli lub niechcianych emocji. Oddanie uwalnia cię od wewnętrznych zmartwień i konfliktów. Jeśli uda ci się uwolnić od nich, skorzystasz z wewnętrznej siły. To z kolei daje niezniszczalny wewnętrzny spokój, który pozwala na swobodne życie w dzisiejszym gorączkowym świecie. Jako praktykujący jiu-jitsu, można osiągnąć wewnętrzny spokój poprzez oddanie. Jiu-jitsu uczy cię, co oznacza ta jakość i jak można ostatecznie zastosować ją w swoim codziennym życiu.

42. Pracowitość funkcjonuje jako terapia zajęciowa

"Nie boję się osoby, która ćwiczyła 10 000 uderzeń tylko raz, ale boję się osoby, która ćwiczyła jedeno pociągnięcie 10 000 razy."
- Bruce Lee

We wszystkich sztukach walki ważną rolę odgrywa staranność. Bez staranności ani studenci, ani trenerzy nie osiągają pożądanego sukcesu. Obie dążą do wysokiego celu. Wymaga to jednak ciągłej staranności, która służy również jako ważna terapia zajęciowa. Aby zademonstrować uczniom siłę pracowitości, mistrz przeciął cegłę na pół krawędzią dłoni.

"Celem, do którego dążysz, jest nie tylko zdanie pomyślnego egzaminu Dan, ale także nauczenie się szacunku. Co więcej, zamierzacie stać się jednością ze sobą, szukacie swojej wewnętrznej osobowości. Kiedy już go znajdziecie, nie ma żadnej zewnętrznej siły, która mogłaby was zepchnąć z kursu. Nawet jeśli podzielę cegłę na dwie części, nie oznacza to, że chciałem stać się agresywnym człowiekiem. Zamiast tego, moim zamiarem było zawsze kultywowanie jakości zwanej starannością. Cegła jest dzielona tylko przez wojownika, który charakteryzuje się wewnętrzną i zewnętrzną siłą. Można to osiągnąć tylko poprzez staranne szkolenie. Bruce Lee zaimponował mi oświadczeniem, które dało mi do myślenia. Boi się tylko przeciwnika, który ćwiczył ten sam cios 10 000 razy. Jednak nie boi się kogoś, kto ćwiczył 10 000 różnych uderzeń tylko raz. Jeśli ćwiczysz ten sam skok co najmniej 10 000 razy w ciągu kilku lat, pewnego dnia przecimiesz cegłę na pół. Masz świadomość, że pracowitość doprowadzi cię do stopnia mistrza. To warunek konieczny.

Ponadto pracowitość działa jako rodzaj terapii zajęciowej, która chroni cię przed negatywnymi lub destrukcyjnymi myślami. Dzięki swojej pracowitości masz mniej czasu na myślenie o problemach lub lękach, które są jedynie wytworem twoich abstrakcyjnych myśli. Przenosisz również pracowitość z treningu sztuk walki na swoje codzienne życie. Ciężko pracujący szef kuchni, który przygotowuje to samo danie 100 razy, prędzej czy później otrzyma nagrodę za swoje wysiłki. Znajduje to odzwierciedlenie w formie uznania od jego gości lub przyznania gwiazdy. Pracowity student cieszy się dobrymi ocenami, które otwierają mu drzwi do pożądanego wykształcenia lub pożądanego kierunku studiów. Sumienni pracownicy otrzymują podwyżkę wynagrodzenia lub awans. Ciężko pracujący ludzie idą dalej w życiu niż leniwi ludzie. Nie zmagają się z lenistwem, które jest gorsze niż jakakolwiek choroba, ale cieszą się jego wynikami. Dołączając do szkolenia, udowadniasz, że jesteś silny. W końcu pokonałeś lenistwo ludzkiego ciała i zamiast tego pilnie poświęciłeś się regularnemu treningowi sztuk walki.

43. Cierpliwość kluczem do sukcesu

"Ci, którzy są cierpliwi, mogą przetrwać wszystko." - Francois Rabelais

Dzisiaj jest czwartek - dzień kursu dla osób początkujących w judo. Trener z niecierpliwością oczekuje nowych judoków. Uwielbia swoje trudne zadanie, którym jest przekształcenie zainteresowanych początkujących w prawdziwych mistrzów sztuk walki. Dzisiejsi uczestnicy szkolenia nie są już cholernymi początkującymi, ponieważ zostali nagrodzeni żółtym pasem. Jednak egzamin zdali dopiero tydzień temu. Szkolenie trwa dwie godziny, ostatni trening skupia się na Randori.

Trener judo uważnie obserwuje jej uczniów. Jeden z nich jest szczególnie udany dzisiaj, wygrywa prawie wszystkie walki. Jednak podczas ostatniego Randori ma trudności z sprowadzeniem przeciwnika na ziemię. Z wściekłości uszczypnął swojego towarzysza, tak że na krótko stracił kontrolę nad własnym ciałem i upadł na plecy. Czujne oko trenera nie umknie tej nieautoryzowanej akcji. Dlatego interweniuje i upomina swojego ucznia.

"Nie ma znaczenia, co cię denerwuje w środku, nie daj się uwieść przeszkadzającym uczuciom, aby użyć niemoralnych metod, aby osiągnąć swój cel. Wiesz, dlaczego szczypanie nie jest częścią judo. Złość, nienawiść, zawiść lub gniew są złymi codziennymi towarzyszami. Są nie tylko przeszkodą w codziennym życiu, ale także w sztukach walki. Nie można wygrać a Randori w towarzystwie tych niepokojących uczuć. Jesteś nosicielem żółtego pasa. Nasze słońce ma ten sam kolor. Żółty oznacza płodność i światło. W judo żółty symbolizuje początek nowego dnia, który rozpoczyna się od nowo nabytej wiedzy. Jutro zaczynasz swój dzień z myślą o tym, aby nie pozwolić sobie na kierowanie się uczuciami nienawiści, gniewu, zazdrości lub innych niepokojących uczuć. Działania, które robisz, którym towarzyszą te emocje, będziesz żałować na dłuższą metę. Jesteś judoką i dlatego zawsze dążysz do dobra. Udowodnij to swoimi działaniami, nawet jeśli masz tylko jedenaście lat. Kolory pasów w judo można cudownie przenieść do naszego życia.

Biały oznacza niewinność. Dlatego początkujący noszą biały pasek. To sygnalizuje ich ciekawość do podjęcia sztuk walki, w tym przypadku judo. Pomarańczowy oznacza kolor zachodu słońca. W judo i karate kolor działa jako przedstawiciel dla tych, którzy chcą poszerzyć swoją wiedzę. Zarówno umiejętnościom, jak i wiedzy judoki towarzyszą nowe perspektywy. Zobaczysz to wystarczająco często w szkole. Im dłużej odwiedzasz ten budynek, tym więcej będziesz cieszyć się edukacją. To nie tylko poszerza horyzonty wiedzy, ale także zdolność do patrzenia poza własny nos. Nasze rośliny charakteryzują się zieloną barwą. W sztukach walki zielony pas oznacza zdolność do odbijania światła i opracowywania nowych rozwiązań. Jako pierwszoklasista nauczyłeś się czytać i pisać. W klasie piątej twoim zadaniem na zajęciach językowych jest napisanie spójnego wypracowania. Opanowałeś to zadanie śpiewająco, jak nauczyłeś się alfabetu w pierwszej klasie. To da ci niezbędne narzędzia. Tak samo jest w sztukach walki. Judoka, który nosi zielony pas, jest bardziej doświadczony w Randori niż początkujący. Może także nauczyć swoich towarzyszy ról do przodu i do tyłu. Niebieski symbolizuje niebo i odległość oceanu. Pas ten jest noszony tylko przez mistrzów sztuk walki, którzy odwiedzają ich dojo od kilku lat i udowodnili swoją przynależność, że ich życzenia sięgają horyzontu. W związku z tym ci judokowie głęboko myślą o różnych rzeczach i faktach. Ich sposób myślenia można porównać do głębi wielkiego oceanu.

Kiedy skończysz szkołę średnią, możesz osiągnąć głębsze procesy myślowe. Dlatego będziesz uczęszczał do szkoły średniej, która przygotuje cię do wybranego zawodu. Brązowy pas ma taki sam kolor jak ziemia. Brązowy oznacza bezpieczeństwo i czas trwania. Nosiciel brązowego pasa ma pewne techniki, których używa w walce i opanowuje je bezpiecznie. Duch judoki nie posiada już złych myśli. Większość sztuk walki, którzy docierają do brązowego pasa, charakteryzuje się dobrodusznością i pracowitością. Tych, którzy w życiu codziennym sumiennie, namiętnie i właściwie realizują swoje marzenia lub zawody, można porównać do noszących brązowe pasy. Złotnik używa pewnej techniki do tworzenia pięknej biżuterii, sumienny lekarz, stosuje pewne podejście, aby zachęcić swoich pacjentów do uzdrowienia się, namiętny gastronome ma własne techniki gotowania, aby wyczarować swoje przysmaki. Kiedy pewnego dnia będziesz gotowy, będziesz również nosić brązowy pas w życiu codziennym i nie tylko w judo.

Czarny natomiast pełni rolę symbolu ciemności. Wbrew wszelkim założeniom, czarny pas nie oznacza niezwyciężoności i w żadnym razie nie reprezentuje wszechwiedzącej osoby, ale raczej ilustruje bitwę, która dopiero się rozpoczęła. Osoba, która zda egzamin na czarny pas, sygnalizuje chęć nauki sztuki walki. Tak będziesz się czuł po szkole lub szkoleniu zawodowym. Gdy to zakończysz, uświadomisz sobie w trzeźwy sposób, jak mały jest twój horyzont wiedzy i że tytuł, który zdobyłeś, oznacza twoją gotowość do opanowania danego przedmiotu.

Tak się dzieje z ekonomistami. Przez pięć lat badają różne teorie ekonomiczne, zajmują się analizą kosztów i korzyści przedsiębiorstw i gospodarstw domowych, przeprowadzają obliczenia statystyczne, analizują teorię porównawczych przewag konkurencyjnych i tworzą różne modele obliczania maksymalizacji zysków. Kiedy pomyślnie ukończą studia i zaczną pracować w wolnej gospodarce, zdają sobie sprawę, jak mało wiedzą. Rozumieją w tym momencie, że ich studia służą jako narzędzie umożliwiające im pracę w wolnej gospodarce. Szybko zostają sprowadzeni na ziemię i zdają sobie sprawę, że jako absolwenci ekonomii nie są wszechwiedzący. Wtedy również rozumieją, że nadszedł moment, aby nauczyć się teorii ekonomicznych w praktyce.

To samo dzieje się z posiadaczem czarnego pasa po zdaniu pierwszego egzaminu dan. Tego dnia uświadamia sobie, że jest już gotowy, aby zostać mistrzem wybranej przez siebie sztuki walki lub sportu walki. Jednak żaden mistrz nie zajdzie tak daleko, jeśli nie zdoła być cierpliwy. Cierpliwość jest kluczem do sukcesu. Ci, którzy są cierpliwi, osiągają i przeżywają wszystko w życiu. Dlatego proces od białego do czarnego pasa trwa kilka lat. Dan-carrier potrzebuje dojrzałości umysłowej, aby móc nosić czarny pas. Jednak w sztukach walki dominuje przysłowie, w każdym czarnym pasie jest nosiciel białego pasa, który nigdy się nie poddał ze względu na wzorową cierpliwość. Przez wiele lat nadal byłem w tym sporcie, ponieważ byłem cierpliwy. Wiele osób zaczyna od sztuki walki i oczekuje pewnej magii. Nie mają jednak niezbędnej cierpliwości. Dlatego po krótkim czasie zawodzą. Aby poczuć magię sztuk walki, zawodnicy powinni być członkami wybranego przez siebie klubu na dłuższy okres. Po pewnym czasie czują, jak sztuki walki stopniowo zmieniają je w pozytywny sposób. Jednak cierpliwość zależy od indywidualnych preferencji osoby. Cierpliwi ludzie mają wewnętrzną siłę, która nie niszczy żadnej siły zewnętrznej."

44. Zwiększenie ambicji

"Jeśli przestaniesz dążyć do bycia lepszym, przestaniesz być dobry."
- Phillip Rosenthal

"Trenowałeś przez ponad dwa lata w judo. Dlatego automatycznie opanowujesz wiele technik. Niemniej jednak testuję to dzisiaj za pomocą specjalnego rodzaju treningu. Mamy pięć zmysłów. Są to zmysły wzroku, słuchu, smaku, węchu i dotyku. Naukowcy wciąż spierają się, czy to tylko te pięć. W szkoleniach dążymy do celu, którym jest stawanie się coraz lepszymi - wewnętrznie i zewnętrznie. Aby zwiększyć wasze ambicje, pozwolę wam trenować przez pół godziny bez użycia żadnego z waszych pięciu zmysłów. Po pierwsze, będziemy ćwiczyć przez pół godziny bez polegania na naszych zmysłach."

Trener prosi ucznia, aby zawiązał mu oczy. Potem prosi go, by go zaatakował. Judoka postanowił zaatakować od tyłu. Ramionami objął całą górną część ciała swojego trenera. Ponieważ sztuka judo wymaga stałego kontaktu fizycznego, trener skutecznie broni się przed tym atakiem, nawet z zawiązanymi oczami. Upada na kolana, lewą ręką chwyta prawą stronę kołnierza napastnika. W międzyczasie przechodzi prawą ręką przez pachę napastnika, zanim wykonuje bezbłędny rzut barkiem. Trener zdejmuje opaskę i tłumaczy:

"Ćwicz to przez następne 20 minut. Ty również, dzięki wieloletniemu doświadczeniu, możesz wykonać tę technikę rzucania refleksyjnie.

Po upływie czasu następuje następne ćwiczenie.

"Przyniosłem zatyczki do uszu. Włóż je do uszu i przejdź przez program judo z żółtym pasem. Oczywiście wykonasz swoje rzuty i techniki naziemne, ale to ćwiczenie będzie bardziej skomplikowane, jeśli zrezygnujesz z zmysłu słuchu. To irytujące, gdy jest wyłączony."

Judocy są oszołomieni, gdy zdają sobie sprawę, że do wykonania technik potrzebna jest większa koncentracja. Potem przychodzi trzecie ćwiczenie.

"Dzięki temu ćwiczeniu wyłączymy jednocześnie zmysł węchu i zmysł smaku. Zaciśnij nos tymi kołkami. Ponieważ kiedy twój nos jest zamknięty, nie możesz już czuć żadnego smaku. bo musisz mieć otwarte usta, żeby oddychać.

Po zakończeniu tego ćwiczenia następuje ostatnie z niezwykłych ćwiczeń. Trener przywiązał nadgarstki judoki i poprosił go o zrobienie rzutu do przodu, na który odruchowo odpowiada:

"Nie mogę tego zrobić."

"Czy możesz biegać z rękami związanymi za plecami?"

"Tak, w wolniejszym tempie."

"Możesz poruszyć głową?"

"Tak, mogę poruszać głową bez wysiłku."

"Czy możesz wstać i unosić się w przestrzeni?"

"Nie, Nie mogę."

"Widzisz, instynktownie wiesz bardzo dobrze, co możesz, a czego nie możesz zrobić. Ale możesz to zrobić z rękami związanymi za plecami. Po prostu nie chcesz w to uwierzyć. No dalej, połóż głowę na lewym ramieniu, pociągnij ręce do klatki piersiowej i przewróć się do przodu."

Judoka postępuje zgodnie z instrukcjami swojego trenera i jest zdumiony, gdy opanowuje rzut do przodu bez pomocy rąk. Jego trener judo z doświadczenia wie, że tym ćwiczeniem wzmacnia pewność siebie swoich uczniów. Następnie ponownie zabandażował ręce innego ucznia i poprosił go, aby zademonstrował technikę rzucania. Natychmiast rozumie sedno sprawy. Dlatego chwyta swojego partnera treningowego za płaszcz judo, kładzie prawą stopę na lewym udzie i wykonuje tomoe-nage. Wdzięczna postawa trenera wzmacnia poczucie własnej wartości judoki.

"Od teraz będziemy regularnie ćwiczyć bez użycia wszystkich zmysłów. To zwiększy wasze ambicje. Dotyczy to również waszego codziennego życia. Przeszkody zwiększają wydajność. Wyobraź sobie prosty problem matematyczny. W szkole ćwiczenia zaczynają się od prostych obliczeń. Ostatecznie stosuje się formuły dwumianowe. Zwiększa to złożoność przedmiotu matematyka. Mistrz Piekarski i cukiernik zaczynał kiedyś od prostych wypieków, zanim stworzył imponujące ciasta i smaczne pieczywo. Kierownik restauracji najpierw pracował jako kelner, zanim nauczył się szanować potrzeby swoich gości. Odnoszący sukcesy architekt był najpierw studentem, zanim został odnoszącym sukcesy kierownikiem budowy. Ludzie rozwijają się dzięki swoim ambicjom. Zawodnicy sztuk walki są z natury ambitni. Dlatego rozwijają się nie tylko w sporcie, ale także w życiu codziennym w szkole, na treningu, na uniwersytecie i w pracy".

45. Spełnij marzenia - egzamin DAN

"Życie nie jest mierzone liczbą naszych oddechów, ale momentami i miejscami, które zapierały dech w piersiach."- Patricia Schultz

Studenci sztuk walki łączą swój regularny trening z marzeniem. Niektórzy ludzie marzą na jawie przez całe życie. Inni nie śpią, aby zrealizować swoje marzenie. Zawodnicy sztuk walki są wśród tych ostatnich. Jak tylko poważnie poświęcają się regularnemu treningowi, mają zamiar spełnić swoje marzenie. Marzą o zostaniu mistrzami wybranej przez siebie sztuki walki. Z tego powodu nie tylko nie śpią, ale także pozostają zdyscyplinowani i aktywni. Dlatego trener poinformował swojego judoka o znaczeniu egzaminu DAN.

"Cel udanego egzaminu powinien działać jako wierny towarzysz i motywator dla ciebie. Przygotowując się do egzaminu DAN tydzień po tygodniu, miesiąc po miesiącu, rok po roku, żyjesz swoim marzeniem. Rozwijasz dyscyplinę, zapał i odpowiedzialność. Walczysz też ze złością, zazdrością, nienawiścią i urazą. Skupiasz się na swoim czarnym pasie, ale po drodze osiągasz znacznie więcej. Trenujesz nie tylko w kierunku zostania mistrzem judo. Aby walczyć ze swoimi wewnętrznymi wrogami, takimi jak strach, niepokój lub gniew, regularnie odwiedzasz swoją szkołę sztuk walki. Sen o egzaminie DAN daje ci, analogicznie do twojej pracy, poczucie zrobienia czegoś interesującego. Cel w judo zawsze zachęca do dawania z siebie wszystkiego. Co więcej, jak wszyscy artyści sztuk walki, stawiasz czoło swemu marzeniu z godnością i szacunkiem. Regularna praktyka, a także siła psychiczna i fizyczna będą ci towarzyszyć w drodze. Szczególną cechą egzaminu

DAN jest to, że sygnalizujesz swojemu mistrzowi, że jesteś gotowy do szczegółowej nauki sztuki judo. W końcu, jako posiadacz DAN, przekazujesz swoją wiedzę.

Ponadto badanie DAN jest jednym z tych momentów w twoim życiu, które pozbawiają cię oddechu. Emocje i wysiłek fizyczny zapierają dech w piersiach. To są momenty w życiu, które się liczą. Są bezcenne i rzadkie. Przez większość czasu te chwile są spełnieniem marzeń. Z tego powodu egzamin DAN odgrywa ważną rolę w twoim życiu. Po pierwsze, uczy cię, jak dobra jest nagroda po spełnieniu marzenia. Po drugie, dzięki zdaniu egzaminu, dowiadujesz się, że wyzwania, które zmusiły cię do opuszczenia strefy komfortu, były najlepszymi przeszkodami. Po trzecie, z przyzwyczajenia, spełniasz swoje marzenia.

Są to ukończenie szkoły lub uniwersytetu, założenie własnej rodziny, założenie własnej firmy i osiągnięcie celu zawodowego. Możesz osiągnąć te marzenia poprzez dyscyplinę, gorliwość, ambicję i szacunek. Tymczasem egzamin DAN służy jako pouczający przewodnik. Walcząc o spełnienie marzeń, poświęcasz się rzeczom, które naprawdę są dla Ciebie ważne. Spełnienie potrzeb, które tylko uszczęśliwiają cię w krótkim czasie, nie ma u ciebie szans jako ambitni aspiranci mistrzowie. Nie surfujesz po sieciach społecznościowych przez dwie godziny dziennie, ale pracujesz nad swoimi zadaniami. Nie winisz swoich bliźnich, ani nie masz żadnych innych wymówek dla wrodzonego ludzkiego lenistwa, trenujesz i pokonujesz przeszkody. Dlatego egzamin DAN działa jako mądry nauczyciel, który prowadzi cię na właściwej drodze w życiu codziennym. “

46. Jakość zaczyna się w twoim umyśle

"Jakość oznacza, że klient, a nie towar wracają." - Hermann Tietz

Kyusho jitsu odbywa się dwa razy w tygodniu dla początkujących. Zawodnicy sztuk walki, którzy uprawiają ten sport nazywają się kyushoka. Ponieważ ten kurs, podobnie jak wszystkie lekcje dla początkujących, jest całkowicie zarezerwowany, w dojo jest trzech trenerów. Pierwszy nauczyciel od kilku lat pracuje jako odnoszący sukcesy gastronomiczny, drugi nauczyciel jest poszukiwanym rzemieślnikiem, a trzeci mistrz pisze artykuły warte przeczytania. Jest odnoszącym sukcesy dziennikarzem. Wszyscy trenerzy odnoszą sukcesy w swoich zawodach i cieszą się popularnością wśród swoich klientów, ponieważ oferują swoim klientom nienaganną jakość. W Kyusho jitsu główną rolę odgrywa jakość aspektu. "Jedna sekunda" i "sztuka czułych punktów" są tłumaczeniami dla tej sztuki walki. Uczniowie uczą się w dojo, jak usunąć atakującego, który jest fizycznie lepszy od nich, z pewnym chwytem lub naciskiem na ważne punkty. Czas i umiejętności są kluczowymi czynnikami w technikach. Kyushoka skupia się na wybranym punkcie życiowym. Ponadto użytkownicy dowiadują się, do czego te punkty są nadal używane. Aktywują również samoleczenie umiejętnym ruchem dłoni. W związku z tym celem jest nie tylko wyeliminowanie napastnika. Kyushoka uruchamia proces samoleczenia we własnym ciele za pomocą odpowiedniej techniki. Terapie bólowe usuwają blokady w mięśniach. Łagodzą również ból stawów lub ścięgien.

Innym ciekawym aspektem technik walki kyusho jitsu jest niskie ryzyko kontuzji. Ani organy wewnętrzne, ani kości nie doznają uszkodzeń. Głównym celem jest nokaut bez kontuzji. Odbywa się to za pomocą ukierunkowanego uderzenia w wybrany punkt witalny. Działa to jednak tylko wtedy, gdy kyushoka przekonuje jakością swojej uderzającej techniki. Powolne i jednocześnie słabe uderzenie w punkt bólu nie ma wpływu. Co więcej, to nie siła uderzenia decyduje o jego sukcesie, ale jego dokładność i dawkowanie. To jednak prawdziwe wyzwanie. W końcu przeciwnik jest ruchomym celem. Jak w każdej sztuce walki, wojownicy wykonują ciosy i kopnięcia krawędzią dłoni, opuszkami palców, pięściami i stopami. Dlatego jakość technik odgrywa ważną rolę w skutecznym wykonywaniu stempla.

Podczas treningu kyushoka poświęca się intensywnemu studiowaniu istotnych punktów. Aby skutecznie bronić się w przypadku ataku, wystarczy znajomość niewielkiej liczby wrażliwych punktów. Jest to skuteczne połączenie ważnych punktów na głowie, tułowiu, ramionach lub nogach. Aby wyjaśnić swoim początkującym kyushokom związek między kyusho jitsu a życiem codziennym, trener tworzy związek między znaczeniem punktów akupunktury a jakością.

"Widzisz, jak ważne jest jakościowe wykonanie uderzeń na ważnych punktach by przerwać lub krótko zniszczyć przepływ Qi, co oznacza energię. Akupunktura z kolei koncentruje się na tych punktach, aby zniszczyć postępujący proces choroby i stymulować związane z tym gojenie. W kyusho jitsu celem jest powstrzymanie napastnika. Nie udaje się to jednak, jeśli cios kyushoki jest gorszej jakości. Ponadto, w naszej sztuce walki, termin "jakość" działa jako zdolność całości, która charakteryzuje się cechami, które pochodzą z systemu walki. System ma na celu spełnienie wymagań kyushoki. Twoim zadaniem jest obezwładnienie przeciwnika za pomocą ukierunkowanych chwytów lub ciosów na punkty witalne, nerwowe i akupunkturowe.

Przy słabych chwytach lub ciosach, które nie trafią w wybrany punkt, nie osiągniesz celu. Zawdzięczasz to tylko jakości swojej techniki, która znajduje odzwierciedlenie w twoim wykonaniu. Co więcej, jakość zaczyna się w twoim umyśle. W wolnej gospodarce dominuje przysłowie, że jakość oznacza zwrot klienta, a nie zwrot towaru. Twoje ciosy są nieskuteczne, jeśli ich jakość pozostawia coś do życzenia. Dlatego w kyusho jitsu nie chodzi o jak najszybsze opanowanie technik obronnych. Podczas szkolenia przechodzi się przez proces dojrzewania. Dlatego popieram bezbłędne wykonanie technik, którym towarzyszy twoja wola codziennej pracy nad sobą. W związku z tym życzę ci, abyś dążył do tego, aby z każdym treningiem stawać się lepszym. Na tym właśnie polega jakość w sztukach walki. W życiu codziennym będziesz również korzystać z tego podejścia.

Nadal chodzisz do szkoły? Zadbaj więc o internalizację zdobytej wiedzy, a nie tylko naucz się jej na pamięć. Ten ostatni sposób charakteryzuje się gorszą jakością i szybko zanika. Z drugiej strony, jeśli będziesz trzymać się pierwszej metody nauki, skorzystasz z korzyści, które do ciebie wrócą.

Pracujesz w branży gastronomicznej? Zwróć uwagę na wysokiej jakości potrawy. Nigdy nie podawaj gościom spalonych lub bez smaku posiłków. Przywitaj ich z uśmiechem, nawet jeśli spędziłeś prawie cały dzień na nogach. Zawsze oferuj gościom restauracji najlepszą jakość, aby wrócili ponownie. Z drugiej strony, jeśli podasz im niejadalny posiłek, który jest pełen sztucznych dodatków, najprawdopodobniej go odzyskasz.

Pracujesz jako dziennikarz dla wydawcy gazet? Upewnij się więc, że twoje teksty są wysokiej jakości i warte przeczytania, aby twoi klienci wracali do ciebie zamiast wadliwych tekstów. Tak jak ty jako kyushoka wykonujesz swoje techniki z wysoką jakością, aby trafić w istotny punkt atakującego, tak samo postępujesz w swojej pracy, aby spełnić oczekiwania i potrzeby swoich klientów, klientów i kupujących. Ostatecznie sytuacje te są walkami na innym poziomie. Dzięki temu spełniasz oczekiwania swoich uczestników. Jednak zaczynają się one w twojej głowie, a następnie odzwierciedlają się w twoich działaniach.

47. Partnerstwo - dawaj i bierz

"Jeśli chcesz dobrego partnera, sam bądź dobrym partnerem."
Nieznany autor

Trener jiu-jitsu zadał proste pytanie, aby sprawdzić wiedzę swoich uczniów. Co mają ze sobą wspólnego następujące sztuki walki i sporty walki?

- Aikido
- Aiki Ju-Jutsu
- Bartitsu
- Box
- Brazylijskie Jiu-Jitsu
- Capoeira
- Dim Mak
- Hapkido
- Jiu-Jitsu
- Judo
- Karate
- Kendo
- Kenjutsu
- Kickboxing
- Krav Maga
- Kyudo
- Kyusho Jitsu
- Lubki
- Mieszane Sztuki Walki
- Ninjutsu
- Real Aikido
- Sambo
- Savate
- Shaolin Kung Fu
- Taekwondo

- Tajski boks
- Wing Tsun

Pomagają ci stać się lepszą wersją siebie z każdym treningiem, wspierają cię w poszukiwaniu twojej wewnętrznej osobowości, a poza tym mają inną ważną cechę. Opierają się one na ćwiczeniach partnerskich. Podobnie jak nasze jiu-jitsu, te sztuki walki nie są pojedynczym sportem. Składają się one z pojedynczych i licznych ćwiczeń partnerskich. Sztuki walki, które zawierają ważne techniki samoobrony, mają na celu rozważenie dwóch elementów i pracę zespołową. Działają jako warunki niezbędne do udanych ćwiczeń. Nie tylko w jiu-jitsu, ale także w kyusho jitsu zwracasz uwagę podczas licznych ćwiczeń partnerskich, aby aktywować punkty bólu i techniki dźwigniowe tylko do momentu, gdy twoi partnerzy treningowi pokażą lekką reakcję bólową.

Mój trening polega na dokładności, a nie na sile. W dojo pozostajesz poniżej tego, co jest możliwe, gdy stymulujesz punkty życiowe i wykonujesz dźwignie. Jest to wyzwanie wszystkich sztuk walki; do stosowania skomplikowanych technik poprawnie bez szkody dla życia partnera. Rozważanie i praca zespołowa to nazwa najważniejszych elementów. W życiu codziennym przejmują one kluczową funkcję, szczególnie w życiu zawodowym.

W końcu DRUŻYNA oznacza "razem każdy osiąga więcej". W dojo to prawda. Trenujesz nie tylko techniki, ale także swój umysł, ducha i ciało. Nie osiągniesz tego celu, jeśli będziesz zdany na siebie. Potrzebujesz dobrego partnera do treningu. Ale aby mieć partnera w dojo, który lubi ćwiczyć z tobą, musisz dawać dobry przykład. Dwa warunki wstępne, takie jak umiejętność pracy w zespole i wzajemna rozwaga, są również ważne w relacjach prywatnych i biznesowych.

Twoja firma może mieć komparatywną przewagę konkurencyjną, pracując razem jako odnoszący sukcesy zespół. Restauracje, w których kelnerzy i kucharze okazują wzajemną rozwagę i ducha zespołu cieszą się dobrą opinią. Skutkuje to dodatnimi wynikami sprzedaży. Praktykanci, studenci i uczniowie, którzy okazują wzajemną troskę i uważają się za zespół, nie tylko lubią odwiedzać swoją instytucję edukacyjną, ale także pisać dobre oceny. Partnerstwa w życiu prywatnym trwają dłużej, gdy tylko dominuje rozwaga i praca zespołowa.

Nikt nie ma poczucia, że ich partner wykorzystuje je tylko do określonego celu. Z przykładów, o których wspomniałem, jasno wynika, dlaczego sztuki walki nie są sportami indywidualnymi. Pozory są zwodnicze. Działania te mają podobieństwa do sportów zespołowych, takich jak piłka nożna lub koszykówka. Partnerstwo w sztukach walki oznacza wzajemne dawanie i branie. Ostatecznie ta interakcja pozwala nam żyć razem w pokoju we wspólnocie.

48. Pasja walczy z wewnętrznym niepokojem

"Pasja jest źródłem geniuszy." - Tony Robbins

Dwa razy w tygodniu trener karate skupia się na najważniejszych technikach kopania. Składają się one z następujących kopnięć:

- Hiza Geri (kopnięcie kolanem)
- Mae Geri (kopnięcie przednie proste)
- Mawashi Geri (kopnięcie półokrągłe)
- Yoko Geri (kopnięcie boczne)
- Ushiro Geri (kopnięcie w plecy)
- Tobi Geri (kopnięcie podczas skoku)

Mistrz uważał, że uczniowie powinni częściej ćwiczyć Tobi Geri. Aby dobrze wykonać ten kopniak, karateka wymaga silnego ciała. W końcu moc kopania pochodzi z całej masy mięśniowej. W związku z tym silny, określony środek ciała jest warunkiem koniecznym do wykonywania eleganckich technik kopania. Oprócz regularnych ćwiczeń decydującą rolę odgrywa pasja do karate.

Karateka dobrze wykonuje skok tylko wtedy, gdy trenuje z pasją. Podczas treningu mistrz karate zwraca uwagę na ten szczegół swoim uczniom. Od czasu do czasu jego towarzysze wyśmiewali się z jego podejścia. Uważali, że pasja istnieje tylko między ludźmi. Jako doświadczony mistrz karate wierzył, że pasja istnieje również między osobą, jego wybranym zawodem i ulubioną rozrywką. Im więcej ludzi się rozwija, tym bardziej powierzchownie się stają. Nawiązał ten związek poprzez swoje indywidualne obserwacje. Ze względu na rosnącą powierzchowność, przywiązywał szczególną wagę do pasji, którą demonstrowali jego uczniowie podczas treningu. Dzięki tej pasji jego karateka należy do przeciwległego bieguna osób mniej głębokich.

Jego karateka nie zależy od fast foodów, banalnych programów telewizyjnych, godzin spędzonych na portalach społecznościowych czy innych nawyków, które dają im tylko krótkotrwałe poczucie szczęścia, ale bez spełnienia. Według niego, jest to zły rodzaj zależności. Jego uczniowie trenują z sercem i duszą. Dlatego są one zależne od ciągłego uczenia się, regularnego treningu i stałej motywacji, która pomaga im osiągnąć samorealizację.

Jego uczniowie są zależni od szczęścia, jakie odczuwają, gdy osiągają swój cel. Ten rodzaj zależności nie tylko zapewnia im spełnione istnienie, ale także daje im wewnętrzny spokój, którego brakuje powierzchownym osobowościom. Według opinii mistrza, zarówno jeden, jak i drugi rodzą się z potencjałem geniusza. Ale ci, którzy realizują swoją pasję, stają się geniuszami.

Jeden z jego uczniów karate pracuje jako szklarz. Jest bardzo popularny wśród swoich klientów w swojej okolicy. Zaangażował się w sprawy wewnętrzne. Podobnie jak najlepszy Tobi Geri w szkoleniu, zajmuje się również projektowaniem szkła. Lady, gabloty, lustra, witryny sklepowe i szklane prysznice, które projektuje, robią wrażenie nie tylko na klientach, ale także na konkurentach. Koledzy pytają go, w czym tkwi jego siła. Na które po prostu odpowiada:

"Mój sukces zawdzięczam pasji, z jaką wykonuję swój zawód."

Mistrz karate uważa, że istnienie swojej dynamiki zawdzięcza również regularnemu treningowi. Konsekwentnie i nieświadomie przenosi ją na swoją codzienność. Dlatego nie jest on klasyczną ofiarą fałszywych zależności. Ponadto trener wie, że jego uczniowie, dzięki swojej pasji, z powodzeniem opanowali walkę z wewnętrznym niepokojem, który przejawia się w postaci depresji, wypalenia, gniewu, strachu, niepewności, strachu przed starością, samotności, bezsenności i braku popędu.

49. Radość w sztukach walki przedłuża młodość

"Nie przestajemy ćwiczyć, ponieważ się starzejemy, starzejemy się, ponieważ przestajemy ćwiczyć." - Keneth H. Cooper

"Wiesz, dlaczego tak bardzo kocham treningi karate? - To przedłuża moją młodość. Ludzie nie przerywają aktywności fizycznej, ponieważ są na to za starzy, ale zaczynają się starzeć, ponieważ przestają intensywnie się poruszać. Oczywiście nie zaprzeczam, że istnieją uzasadnione powody, które uniemożliwiają nam regularne szkolenia. Są to jednak wyjątki, a nie reguły. Regularne ćwiczenia sprawiają, że umysł, ciało i duch są młode. Entuzjazm dla sztuk walki jest warunkiem koniecznym do cyklicznego uczestnictwa w treningu. Dzięki swojemu entuzjazmowi przedłużasz również swoją młodość.".

Następnie mistrz karate demonstruje silny krok do przodu na Makiwarze. Dzięki takiemu występowi siedemdziesięcioletniego trenera żaden z uczniów obecnych w dojo nie nadąża za nim. Chociaż jest znacznie starszy od swoich uczniów karate, wcale nie wygląda staro. Spowolnił proces starzenia się swojego istnienia dzięki entuzjazmowi do sztuk walki.

"Ciągły trening z użyciem Makiwary utrzymuje mnie w młodości. Ciosy, uderzenia i kopnięcia, które ćwiczę na tej desce, poprawiają moje zdrowie. Energiczne ciosy i mocne techniki stóp stymulują krążenie. Ponadto, jak zdyscyplinowani jogini, stymuluję swoje narządy wewnętrzne. Katas, które ćwiczymy tutaj w karate wado-ryu, osiągają ten sam efekt. Widzisz do czego zmierzam. Szkolenie ma pozytywny wpływ na moją egzystencję. Aby wykonywać te wszystkie techniki z motywacją, potrzebuję pewnej ilości entuzjazmu. Mój mistrz zaraził mnie swoją radością. Zawsze robił wyczerpujący trening rozgrzewki i nadal miał uśmiech na twarzy. Jego fascynacja przeniosła się na mnie. Dzięki niemu dowiedziałem się również, że nigdy nie jesteśmy za starzy na jakiekolwiek sztuki walki. Dotyczy to całego naszego życia.

Twój entuzjazm do karate wspiera pozytywny sposób myślenia. Wielokrotnie zmniejszasz prawdopodobieństwo, że zamienisz się w bezczynne jęki. Entuzjazm, który tu okazujesz, przenosisz na inne obszary swojego życia. Jestem fotografem. Wykonuję ten zawód od prawie pół wieku z przyjemnością. Automatycznie przeżywam entuzjazm, który wzbudziłem w szkoleniu w moim zawodzie.

Młody umysł i ciało, utrzymane w młodości dzięki karate, cieszą się dobrym stanem zdrowia. Entuzjazm odnosi się do wielu innych cnót, takich jak wdzięczność, ambicja, pracowitość i gorliwość. Karate pomaga nam rozważyć zasadę-mniej ważne jest, ile lat ktoś dostaje, ale raczej, jak starzy ludzie. Dla zawodników sztuk walki ta podróż z pewnością będzie bardziej interesująca."

50. Ciekawość promuje chęć uczenia się przez całe życie

"Warunkiem wiedzy jest ciekawość." - *Jacques-Yves Cousteau*

Naukowcy i trenerzy sztuk walki są świadomi, że ludzie przychodzą na świat jako ciekawe stworzenia. Zmniejsza się to jednak wraz z wiekiem. Ci, którzy nie wykorzystują swojej wrodzonej ciekawości jako motoru stałego rozwoju osobowości, nie będą rozwijać się w życiu prywatnym lub zawodowym. Rezultatem jest przewlekła nuda. Jest to przeszkoda w rozwoju osobistym.

Dlatego capoeirista chętnie pokazuje swoim uczniom korzyści płynące z ciekawości. Dobrze pamięta swoje wczesne dni, kiedy opanowała go gorączka regionalnych sztuk walki capoeira i zmotywowała do regularnego treningu. Dzięki swojej ciekawości i chęci do nauki, nie mógł się doczekać zdobycia nowych technik wymijania, a także nowych faktów na temat swojej nowej pasji. Dlatego nie rozumiał, dlaczego większość ludzi uważa ciekawość za negatywną jakość. Z doświadczenia wiedział, że sprzyja rozwojowi osobistemu.

Ze względu na ich zdrową ciekawość, sztuk walki wymagają więcej wiedzy, co zwiększa ich chęć uczenia się wiele razy. Nauczyciel capoeiry rozpoczął od karate i judo w dzieciństwie. Odkrył, że zarówno judo, jak i karate sprzyjają jego wrodzonej ciekawości. Uczył się również dzięki regularnym treningom sztuk walki, dlatego ciekawość była o wiele bardziej fizyczna niż psychiczna. Ten proces przez całe życie odbywa się fizycznie. Niestety, wiele osób cierpi na przeszkody psychiczne, ponieważ zamykają swoją ciekawość. Jako judoka, karateka i capoeirista eliminował te przeszkody dzięki swojemu treningowi.

W dojo zmuszony był obserwować interakcję doznań, emocji i myśli. Był zafascynowany, gdy dowiedział się, że zarówno jego ciało, jak i umysł reagują z wielką radością na te sporty. To doświadczenie wzmocniło jego ciekawość. Najpierw chciał nauczyć się technik rzucania i dźwigni w judo. Potem techniki kopnięcia, ciosu i blokowania karate nie opuściły go. Kiedy usłyszał o regionalnej capoeirze, wyruszył na trening próbny. Zaciekawiło go to, jak capoeiriści potrafili połączyć trening siłowy z agility, muzyką i akrobatyką. Po pierwszym treningu był entuzjastycznie nastawiony do tej wyjątkowej sztuki walki. Miał świadomość, że nie tylko ruch, pozytywny nastrój i wytrzymałość przedłużają życie, ale także ciekawość. Jego pragnienie wiedzy doprowadziło go do capoeiry, z której dalej rozwijał swoje ambicje. Muzyka grana z pomocą berimbaua przy akompaniamencie bębnów i grzechotek zachęciła go do nauki akrobatycznych występów.

Ciekawość jest nie tylko siłą napędową zdobywania wiedzy, ale także motorem osobistego sukcesu. Trener capoeiry regularnie obserwuje ludzi w jego otoczeniu i zauważa, że ci, którzy nie zwracają uwagi na swoją ciekawość, tkwią w ich sposobie myślenia. Z kolei jego trening capoeiry nie tylko poszerzył horyzonty wiedzy, ale także umocnił pewność siebie.

Z pomocą walk, które odbywają się w kręgu, nauczył się nie być zepchnięty do obrony. Roda to nazwa tego koła. Ale nie tylko krąg mu w tym pomógł, ale także jego ciekawość. Ponadto jego tolerancja wobec bliźnich i wobec innych sztuk walki była odpowiedzialna za jego dalszy rozwój. Z tego powodu doświadczony capoeirista wygłasza przemówienie na koniec szkolenia.

"Ciekawość z pewnością kojarzy się z ruchem, ponieważ odbywa się głównie na płaszczyźnie fizycznej. W capoeirze poruszasz się intensywnie. Jako capoeirista odważyłeś się spróbować czegoś nowego. Dzięki swojej ciekawości zacząłeś od capoeiry i wiele się nauczyłeś. Muzyka, którą tu gramy pomaga uwolnić się od pesymistycznych i negatywnych sposobów myślenia. Krąg, który tworzymy podczas treningu wzmacnia poczucie wspólnoty, ćwiczenia akrobatyczne wzmacniają ciało i umysł. W ten sposób korzystasz ze zdrowej ciekawości na dwa sposoby. Wspiera twoje życiowe pragnienie uczenia się. ...co z kolei jest najlepszym lekarstwem na starzenie się."

51. Otwartość poszerza horyzont wiedzy

"Spokoju można się nauczyć. Wystarczy otwartość, motywacja, odrobina wytrwałości, a przede wszystkim chęć oderwania się od starych, utartych ścieżek, którymi często poruszają się nasze myśli i działania " - Ludwig Bechstein

Sztuki walki wymagają otwartości od swoich zwolenników. W końcu mają swoje korzenie w Japonii, Chinach, Korei, Brazylii, Indiach, Francji i wielu innych krajach na całym świecie. Ponadto są one oparte na starożytnych kulturach i tradycjach. Zawodnicy sztuk walki rozumieją swój wybrany sport dopiero teraz, gdy są gotowi otworzyć się na "obce" tradycje i kultury.

Ponieważ judo ma swoje początki w Japonii, odbywa się nie tylko powitanie słowami "Mokuso, rei", ale także liczenie. Dlatego judoka usłyszał, jak ich trener wypowiadał następujące słowa podczas ćwiczeń podnoszenia brzucha: ichi, ni, san... uczy swoich zmotywowanych uczniów nie tylko techniki łagodnej drogi, ale także wrażliwości na ten wyjątkowy język. Mimo że jego trening opiera się na dyscyplinie, szacunku i gorliwości, woli ton Japończyków. Jest otwarty, przyjazny i uprzejmy. Mistrz uczy swojego judokę, jak lepiej kontrolować swoje emocje. W ten sposób nie tracą samokontroli w codziennym życiu.

Jednak tylko zawodnicy sztuk walki, którzy są otwarci na oryginalną kulturę, poznają istotę judoki. Studenci, którzy nie czują potrzeby kłaniania się zaraz po wejściu do dojo, nie zdają nawet pierwszego egzaminu pasowego. Ponadto judoka poważnie traktuje trening. Uczniowie mają dobry pretekst do spóźnienia się lub nie uczęszczania na trening judo.

"Cieszę się, że za każdym razem widzę, jak ważny jest dla was trening. Swoją obecnością i dyscypliną sygnalizujecie mi, jak bardzo otworzyliście się już na japońską kulturę i tradycję judo. Uprawiając tę sztukę walki, można rozszerzyć swój osobisty horyzont wiedzy wiele razy. Podczas szkolenia można poznać i docenić wartości innej kultury. Otwartość i życzliwość są jednymi z elementów, które będą wam towarzyszyć w stałym rozwoju. Ponadto nauczycie się nie tylko liczyć w języku japońskim, ale także wielu innych terminów, takich jak nazwy uchwytów, dźwigni i technik rzucania. Nie zaszkodzi wam motywowanie mózgu do stałego zdobywania wiedzy. Umożliwia to szybsze przetwarzanie nowych informacji. Ćwiczysz koncentrację w dojo. Judokę cechuje stała gotowość do poszerzania horyzontu wiedzy. Często obserwowałem, jak zmotywowani wojownicy reagują szybciej w codziennym życiu i przetwarzają nową wiedzę lepiej niż ich konkurenci. Dzieje się tak częściowo dlatego, że należycie do tych, którzy dzięki swojej otwartości są gotowi oderwać się od zakorzenionych i z góry ustalonych struktur społeczeństwa. Ludzie, którzy nie są otwarci na inny rodzaj sportu, nie kończą w dojo. Co więcej, wasza otwartość w życiu zawodowym i prywatnym okazuje się wiernym towarzyszem, który stale pomaga się rozwijać.

Miłośnicy języków obcych, którzy są otwarci na sztuki walki lubią uczyć się języków, które znacznie różnią się od ich języka ojczystego. Profesjonalni kucharze, którzy są otwarci na sztuki walki, spędzą całe życie próbując różnych potraw. Rzemieślnicy, którzy są otwarci na sztuki walki, zawsze się rozwijają. Nauczyciele, którzy są otwarci na sztuki walki, nieustannie poszukują nowych metod nauczania swoich uczniów przepisanych treści lekcji. Ta otwartość idealnie implikuje cenne rozszerzenie horyzontu wiedzy osobistej."

52. Tolerancja zmniejsza uprzedzenia

"Tolerancja to nie tylko tolerowanie opinii drugiego, ale skromność. Przyznam możliwość prawdy przed drugim, ponieważ przyznaję możliwość błędu." - Anton Neuhäusler

Wielu ludzi ma uprzedzenia wobec swoich bliźnich i innych kultur. W ciągu swojego życia narzucali sobie te uprzedzenia lub bez zastanowienia przejmowali je ze swojego otoczenia. Osoby te potępiają innych ludzi ze względu na ich pochodzenie, wygląd lub przynależność do społeczności. W związku z tym osoby takie charakteryzują się pewnym stopniem nietolerancji. Są jednak nie tylko uprzedzeni do swoich bliźnich, ale także do pewnych dyscyplin sportowych. W związku z tym żyją jako więźniowie własnej ignorancji. W świecie pełnym uprzedzeń zaprzeczają istnieniu.

Trener karate regularnie walczy z uprzedzeniami. Standardowe pytanie, które zadają mu ludzie z jego otoczenia, to

"Dlaczego wybrałeś ten brutalny sport? Czy to nie zachęca do agresji?"

Kiedy był początkujący, uprzedzenia te wywołały w nim potrzebę obrony sztuk walki. Ale im dłużej trenował, tym mniej wpływały na niego te słowa lub stwierdzenia. Nie był nieświadomy takich opinii, ale tolerancyjny. Z biegiem lat stopniowo zmniejszał swoje uprzedzenia wobec tego czy tamtego. Co więcej, zauważył, jak pozytywny wpływ na jego własny umysł miało rozszerzenie jego osobistego poziomu tolerancji.

Tolerancja jest dla niego ważną cechą. Daje mu to nieopisany wewnętrzny spokój. Jest tolerancyjny wobec bliźnich, innych kultur i innych sztuk walki. Jako nauczyciel karate dąży również do nauczenia swoich uczniów zalet tolerancji. Dzięki wieloletniemu szkoleniu był w stanie rozpoznać po postawie i pogardliwym wyglądzie, czy dana osoba jest tolerancyjna wobec bliźnich. Dlatego jako wychowawca chętnie wychowuje swoich karateków na osoby tolerancyjne, które z powodzeniem mogą uwolnić się od uprzedzeń.

Z tego powodu w dzisiejszym treningu pozwala 20-latkowi trenować z 50-latkiem. Widzi od młodego chłopca, że jest uprzedzony do swojego towarzysza sztuk walki. Prawdopodobnie myśli, że jest nie na miejscu w treningu ze względu na swój wiek. W końcu jest najstarszym uczestnikiem kursu dla początkujących. Ale mistrz karate widzi coś, czego młody człowiek nie dostrzega. 50-latek pokazuje typowy chód mistrza sztuk walki. Po pierwszych ćwiczeniach rozgrzewkowych już widać, że od bardzo dawna praktykuje sztukę walki. Doświadczeni trenerzy rozpoznają prawdziwego początkującego i początkującego, który nigdy się nie poddał. Ci ostatni są zwykle Dan-carriers.

Po ćwiczeniach rozgrzewkowych trener pozwala ćwiczyć kopnięcie do przodu za pomocą pazura. Podczas ćwiczeń z pazurami 20-latek jest zdumiony dokładnością, siłą, reakcją i szybkością starszego "początkującego". Jego technika kopania jest jak u nauczyciela karate. Potajemnie wstydzi się swojej początkowej nietolerancji. Podsumowuje całą swoją odwagę i pyta towarzysza

"Jak długo ćwiczysz sztuki walki?"

"Od 15 roku życia trenowałem wiele różnych sztuk walki i sportów walki. W judo i taekwondo jestem Dan-carrierem. Jako entuzjastyczny zawodnik sztuk walki, nie mogłem po prostu zostawić go w dwóch dyscyplinach sportowych. Każda sztuka walki wielokrotnie poszerza mój horyzont wiedzy. Niezależnie od tego, jak długo trenuję, za każdym razem, gdy biorę udział w innym szkoleniu, uczę się czegoś nowego. Jestem zafascynowany różnymi, a zarazem pokrewnymi technikami. Również podobieństwa, które wszystkie sztuki walki mają ze sobą wspólnego, należą do aspektów, które lubię."

"Która sztuka walki według ciebie jest najlepsza?"

"Nie ma czegoś takiego jak najlepsze miejsce do walki lub najlepsza sztuka walki. Gdyby to była prawda, to wszyscy artyści sztuk walki będą praktykować tylko tę jedną sztukę walki. Przez lata nauczyłem się jednej rzeczy: być tolerancyjnym: wobec bliźniego, wobec opinii bliźnich, wobec pochodzenia bliźnich, wobec innych kultur i wobec artystów sztuk walki, którzy praktykują inną sztukę walki. Wierzę, że mój kilkuletni trening sztuk walki nauczył mnie tolerancji. Moim zdaniem tolerancja jest szczególną formą skromności, która jest dobra dla wewnętrznego spokoju osoby. W sztukach walki nie ma standardu dla zainteresowanych zawodników. Płeć nie ma znaczenia, pochodzenie, status społeczny i poziom wykształcenia są nieistotne. Tutaj wszyscy są równi. Szacunek, dyscyplina i gorliwość są kluczowe. Tolerancja jest dobrym towarzyszem dnia codziennego, nie tylko dlatego, że przynosi wewnętrzny spokój, ale także dlatego, że ludzie tolerancyjni robią znacznie większy postęp zarówno w życiu prywatnym, jak i zawodowym niż osoby nietolerancyjne. Tolerancyjni ludzie nie zachowują się lekceważąco. Tolerancyjni ludzie nie odrzucają swoich bliźnich. Tolerancyjni ludzie nie są uprzedzeni. Tolerancyjni ludzie nikogo nie dyskryminują. Tolerancyjni ludzie nie są ani ograniczeni, ani wrogo nastawieni. Tolerancyjni ludzie mają wewnętrzną siłę, ponieważ są wolni od wszelkich nietolerancyjnych sposobów myślenia."

20-latek postanowił od tego momentu walczyć ze swoją nietolerancją. Myślał o lekcji swojego kumpla karate i zauważył, jak szczęśliwa, silna i spokojna osoba, której serce, dusza i duch są wolne od uprzedzeń, przechodzi przez codzienne życie. Tolerancyjni ludzie skupiają się na realizacji swoich marzeń i osiąganiu celów. Marek Aureliusz miał również rację, gdy radził wszystkim, aby byli tolerancyjni wobec innych, ale surowi wobec siebie. Ten sposób myślenia wzmacnia wewnętrzne ja każdego człowieka i jest niezbędny dla miłośników sztuk walki.

53. Akceptacja zapewnia wewnętrzną siłę

"Każda sytuacja w życiu jest tymczasowa. Jeśli uważasz życie za dobre, ciesz się nim w pełni. A jeśli uważasz życie za mniej dobre, pamiętaj, że ten stan nie będzie trwał wiecznie i że lepsze dni już nadchodzą." - *Bruce Lee*

"Wing Tsun jest doskonałą sztuką walki, która dowodzi, dlaczego akceptacja zwiększa sukces w życiu"

Tymi słowami mistrz podkreśla zalety tej sztuki walki. I dodaje pouczającą mowę.

"Ogólnie rzecz biorąc, program wing tsun ma na celu szybki widoczny sukces. Jako mistrz dążę do tego, aby wspierać twoje umiejętności w zakresie samoobrony. Dlatego nasze szkolenia koncentrują się na ekonomii ruchu. Niepotrzebne zmiany pozycji nie istnieją w wing tsun. Ponadto nasze techniki wyróżniają się prostotą i elastycznością. Dowiesz się, jak osiągnąć maksymalną penetrację przy minimalnym wysiłku fizycznym. Uczysz się angażować w swoje ciało. Twój instynkt i refleks są przyczyną ruchów. Jednak, aby zareagować na ataki agresora, potrzebujesz pewnej empatii. Dlatego ćwiczymy czytanie języka ciała już na początku. Zanim dojdzie do fizycznej konfrontacji, twoje oczy działają jak obserwatorzy. Następnie używasz kontaktu z ciałem, aby odczytać lub poczuć intencje przeciwnika rękami lub ramionami. W ten sposób poznasz jego słabe i mocne strony. Dlatego też ćwiczymy regularny trening refleksyjny. Do tego potrzebujesz partnera do praktyki Chi Sao. Po pewnym czasie będziecie mogli używać rąk i nóg niezależnie od siebie. Ponieważ ćwiczenia Chi Sao należą do podstawowych technik, nadszedł czas, aby ćwiczyć je z zawiązanymi oczami. Doświadczony judoka również robi to samo ze swoimi rzutami.

Trening z zamkniętymi oczami poprawi twój refleks. W walce bezpośredniej umysł w ogóle nie reaguje. Nie podejmuje ani dobrych, ani mądrych decyzji. Ponadto decyzje podjęte podczas walki kosztowały cię zbyt wiele czasu. Jeśli agresor zaatakuje cię swoimi ramionami, skoncentruj się na nich. Następnie udaj się do ciała. Poddajemy się jednak w miejscu, w którym czujemy wyższą siłę przeciwnika.

Techniki wing tsun mają wiele wspólnego z akceptacją. W końcu akceptujesz atak przeciwnika bez żadnego sprzeciwu, ucząc się na niego reagować podczas treningu. Akceptacja odgrywa kluczową rolę w życiu codziennym. Przez długi czas miałem problem z akceptacją pewnych rzeczy w moim życiu. Później zrozumiałem, że akceptacja jest koniecznym warunkiem wewnętrznego spokoju. Często narzekałem na to, że nie zdałem egzaminów, na korki, na uczucia niepokoju lub na niesprawiedliwość życia.

Dzięki moim regularnym szkoleniom wing tsun nauczyłem się, jak ważna jest akceptacja. Niepotrzebny jęk kosztował mnie czas, pieniądze i energię. W pewnym momencie zdałem sobie sprawę, że akceptując sytuację mogę poczynić znaczne postępy - tak jak w wing tsun akceptuję atak przeciwnika. Kiedy przestałam się kłócić o wydarzenia, które mi się przytrafiły, ale je akceptując, poczułam wewnętrzną siłę. Pomogło mi to opanować odpowiednie wyzwanie. Ponadto mój mistrz wyjaśnił mi, jaka jest różnica między aprobatą a akceptacją. Zatwierdzenie sytuacji oznacza wydanie wyroku. Z drugiej strony akceptacja oznacza uznanie rzeczywistej sytuacji. Eliminuje również irytującą potrzebę oceniania czegoś lub kogoś. Zamiast tego akceptacja uspokaja duszę. Kiedy uznałem, że nie zdałem niektórych egzaminów w życiu prywatnym i zawodowym, miałem niezbędną energię, aby je pomyślnie zdać przy kolejnej próbie. W szkoleniu wing tsun uczysz się z wyprzedzeniem, aby zaakceptować atak. Następnie odpowiednio zareagujesz. Zastosuj tę taktykę do swoich codziennych wyzwań

54. Skromność to zawsze dobry pomysł

"Pokora jest ogrodzeniem mądrości." - Przysłowie żydowskie

Jest niedziela, dzień, w którym odbywają się zawody w judo. Turnieje judo pełnią rolę sprawdzania poziomu umiejętności technicznych judoki. Tutaj spotykają się wiedza, umiejętności i doświadczenie. Ponadto dominuje zasada.

"Przeciw sobie w umiejętnościach technicznych, ale zjednoczeni w duchu."

Ojciec założyciel sztuki judo przyniósł go do punktu z jego wypowiedzi.

"Ludzie są rywalami w konkurencji, ale zjednoczeni i przyjacielscy przez ich ideał, w praktyce ich sportu, a tym bardziej w życiu codziennym." - Jigoro Kano

Nawet jeśli judoka ma zamiar wygrać w walce, to i tak szanuje swoich rywali. W końcu Jigoro Kano rozwinął łagodny sposób, aby wnieść decydujący wkład w dobro ludzkości. Dążył do tego, aby wykorzystać trening psychiczny i fizyczny, aby uzyskać wpływowy efekt regeneracji. Judoka docenia stosunek do życia wynikający z judo. Jest to sztuka walki, która uczy nie tylko technik, ale także nauki, etyki, sztuki i filozofii. Istnieją dwa obszary filozofii, do których założyciel Judo przywiązywał dużą wagę i które są nadal reprezentowane w sztuce judo.

Zasada moralna, której japońska nazwa to Jita Kyoei, funkcjonuje jako wzajemna pomoc dla dobra obu stron. Zgodnie z tą zasadą, w a Randori partnerzy lub przyjaciele walczą ze sobą bez wyrządzania sobie poważnych obrażeń, a jednocześnie uczą się istoty walki. Szanują się, dbają o siebie nawzajem i szybciej osiągają swój cel dzięki wzajemnej pomocy. Z kolei Seiryoku Zenvo oznacza najlepsze wykorzystanie siły fizycznej i psychicznej. Tak więc fizycznie gorsi ludzie pokonują rywali, którzy wydają się silniejsi. Wykorzystują swoją siłę i fizyczne słabości, takie jak szyja lub stawy, i przekształcają je we własną siłę.

Trener judo regularnie uczy swoich uczniów tych zasad i sugeruje im, że nie skupiamy się na zbieraniu pucharów i trofeów, ale na wygrywaniu poprzez poddanie się. Tymczasem trener judo oczekuje, że jego uczniowie zachowają się skromnie, niezależnie od tego, czy wygrają, czy przegrają.

Jednak przed rozpoczęciem walk uczestnicy są ważeni. Klasa wagowa określa ich rywali. Dziś, głównie nosicieli walki o żółty pas. Nie ma prawie żadnych zaawansowanych wojowników. Jedna uczennica jest bardziej podekscytowana niż inni uczestnicy, ponieważ jest to jej pierwszy turniej. Jej podniecenie gwałtownie wzrasta, gdy widzi, kim jest jej rywal: nosicielka niebieskiego pasa.

W porównaniu do tej rywalki, jest cholernie początkująca. Ponieważ trenerzy judo od wielu lat zajmują się różnymi dziećmi, młodzieżą i dorosłymi, interpretują swoje zachowanie z języka ciała. Dlatego trener judo odbiera lęk uczniowi, udzielając jej porad.

"Ponieważ podczas treningu często ćwiczymy pompki na opuszkach palców, masz teraz mocny chwyt. Trenujesz przez ponad pół roku. Dobry judoka potrzebuje tylko pięciu technik, aby wygrać walkę. Nigdy nie wygrywa ten, kto jest silniejszy, sprawniejszy lub wyżej wykształcony judoka, ale ten, kto doskonale opanuje jego technikę. Sędziowie oceniają czystość, w której wykonujesz swoją technikę. Otrzymasz Ippon, jeśli wykonasz rzut idealnie. O to właśnie chodzi. Doprowadzasz rywala do pozycji leżącej mocno, szybko, a jednocześnie kontrolowanej. Jeśli przytrzymasz ją przez 25 sekund w wyraźnie widocznym uchwycie, sędziowie również przyznają ci Ippon. Jeśli użyjesz techniki duszenia, w której twój rywal się poddaje, będziesz również zadowolony z Ippon.

Waza-ari reprezentuje pół punktu. Jeśli zdobędziesz go dwa razy, wygrasz Randori. Jest to wynik podany przez sędziego, gdy twój rywal ląduje częściowo na plecach. Otrzymasz również ten wynik, jeśli trzymasz ją w uchwycie przez co najmniej 20 sekund.

Z drugiej strony Yuko odzwierciedla przewagę techniczną. Ta ocena jest używana, gdy przeciwnik pojawia się na boku lub pośladkach. Otrzymasz również punkty, gdy przeciwnik otrzyma punkty karne. Dla ciebie są to punkty plus.

Tymi słowami trener kończy swoją mowę. Mimo to widzi strach w oczach swojej ucznnicy. Nie pasowało jej to, że jej rywalka ma wyższą rangę. Co gorsza, uśmiecha się, ledwo zauważalna i pewna zwycięstwa. Po krótkim "Rey" sędziego następuje "Hashime", który sygnalizuje początek Randori.

Początkujący zna swoje słabe strony i wie, że ma mało czasu, aby walczyć o siebie. Dlatego koncentruje się tylko na "Hashime", atakuje rywalkę i katapultuje ją w ciągu dwóch sekund z bezbłędnym Tani-Otoshi na plecach.

Sędzia wzywa "Ippon" i walka się kończy. Trzej pozostali sędziowie, którzy siedzą przy stole i rejestrują przebieg walki, z poważną twarzą. W końcu byli przygotowani do kolejnego wyjścia z Randori. Dla nich zwycięzcą na początku była uczennica judo, która nosiła niebieski pas. Ponieważ jest teraz w pozycji leżącej, zajmuje jej trochę czasu, aby zdać sobie sprawę, że walka nie poszła na jej korzyść. Mimo to gratuluje z szacunkiem. Zdaje sobie sprawę, że nie ma ani technicznej, ani umysłowej zdolności do pokonania początkującego.

W następnym tygodniu trener opisuje przebieg walki pozostałym członkom, którzy nie wzięli udziału w zawodach. Posługując się sztuką judo wyjaśnia swoim uczniom dlaczego skromność, zawsze jest dobrą odpowiedzią na wiele sytuacji i pytań w życiu.

"W ostatnim konkursie początkujący wygrał z niebieskim pasem z prostego powodu - wyższy absolwent za chwilę zapomniał być skromny. Zamiast tego była arogancka i to kosztowało ją zwycięstwo. To ma ci powiedzieć, dlaczego skromność jest potężnym codziennym towarzyszem.

Bądź skromny, gdy pewnego dnia zajmujesz stanowisko kierownicze w firmie. Traktujcie ludzi, którzy są wśród was z godnością i szacunkiem, w żaden sposób nie protekcjonalnie. Jeśli masz wybór między arogancją a skromnością, wybierz tę drugą, ponieważ zawsze reprezentuje dobry pomysł. Skromność działa jako przeciwieństwo bezczelności. Skromni ludzie nie są ani bezczelni, ani aroganccy. Skromni ludzie nie są ani chciwi, ani samolubni. Skromni ludzie korzystają z niezniszczalnego wewnętrznego spokoju. Nie pozwalają, aby chciwość, arogancja, bezczelność lub natarczywość odbierały im wewnętrzną siłę. Trening judo regularnie uczy korzyści płynących z pokory. Jak to się mówi, skromność działa jak ogrodzenie mądrości.

55. Kultywowanie energii poprzez sztuki walki

"Energia umysłu jest esencją życia." - Arystoteles

Termin "Ki" oznacza energię życiową. Kultywowanie energii przejmuje kluczową funkcję nie tylko w aikido czy qwan ki do, ale we wszystkich sztukach walki. Studenci sztuk walki czują i pielęgnują swoją energię. Arystoteles już wskazał, że energia jest podstawą zdrowego umysłu. Ponadto wspiera radość życia, która drzemie w każdym człowieku. Energia życiowa działa również jako źródło dobrego samopoczucia fizycznego. Rzut do przodu służy jako dobry przykład ilustrujący znaczenie energii. Wiele dojo ma drewnianą drabinę szczebelkową. Znajduje się na ścianie. Aby zademonstrować przepływ energii swoim uczniom, trener wspina się na drabinę szczebli, która ma 2 metry wysokości. Następnie skacze z tej wysokości na maty. Następnie wykonuje rzut do przodu. Jego uczniowie idą za jego przykładem. Mistrz uważnie obserwuje wszystkich po tym, jak uczeń wykonał rolkę z werwą, dodaje:

"Tak więc, słusznie było wziąć impet z rolki, a następnie przejść do pozycji walki."

Ze względu na rzut do przodu, zawodnicy sztuk walki czują niepowtarzalny pęd jazdy. Jednak nie wszyscy obecni są w stanie zintegrować to z ruchem, gdy wznoszą się z ziemi.

"Widzisz, rzut do przodu zwiększa twój pęd, a także energię podczas wstawania. Ale nie tylko to jesienne ćwiczenie, ale także inne techniki, katy, rzuty, dźwignie, ciosy, kopnięcia lub kopnięcia wielokrotnie zwiększają poziom energii. Masz na myśli cel podczas treningu. Ma to na celu stawanie się coraz lepszym i zdanie kolejnego egzaminu na pas. Działa to jednak tylko wtedy, gdy wkładasz energię w trening. Dzięki regularnym ćwiczeniom wzmacniasz nie tylko swój umysł, ale także Ki. Naprawdę kultywujesz to drugie. Poprawisz się nie tylko tutaj w treningu, ale także w życiu osobistym i zawodowym. Twoje ciało jest ważnym czynnikiem w zakresie energii życiowej. Poświęć chwilę i przeanalizuj, czego używasz do dostarczania go codziennie. Oprócz regularnego uprawiania sportu ważną rolę odgrywa zbilansowana dieta. Wpływa na twoją energię. Wysoko przetworzona żywność, cukier, fast food czy alkohol pozbawiają cię energii życiowej i powodują inercję.

Potem powinieneś pomyśleć o swoim stylu życia. Czy podejmowałeś własne decyzje, czy też twoje środowisko ci je dyktowało? Zadaj sobie pytanie, czy pracujesz nad swoimi celami, marzeniami i wizjami? Na koniec spójrz w siebie i odpowiedz na pytanie, czy czujesz wewnętrzny spokój, czy wewnętrzny niepokój. Czy w wolnym czasie realizujesz działania wzmacniające postrzeganie siebie? Czy twoje środowisko składa się z ludzi, którzy cię wspierają, czy z ludzi, którzy cię umniejszają?

Te ostatnie czerpią z ciebie energię, którą musisz żyć. Z tego powodu należy starannie dobierać otoczenie. Często moi koledzy, przyjaciele i krewni pytają mnie, skąd mam niezbędną energię, aby z entuzjazmem wykonywać swoją pracę. Członkowie rodziny nie zadają mi tego pytania, ponieważ wiedzą, skąd czerpię energię - na regularnych treningach, w sztukach walki. Ludziom, z którymi mam mniej wspólnego, zawsze odpowiadam, że wszyscy mamy silną energię życiową, którą kultywujemy i wzmacniamy poprzez dobrze dobrany styl życia.

Dzięki temu osiągamy lepsze wyniki, które nas uszczęśliwiają.

56. Uwewnętrznianie harmonii

"Ci, którzy nadal walczą, nie będą rozgniewani. Ci, którzy wygrywają umiejętnie, nie zostaną porwani przez strach. Tak więc mądrzy wygrywają przed bitwą, podczas gdy ignoranci walczą o zwycięstwo." - Morihei Ueshiba

"Aikido oznacza harmonijną drogę. Ojciec założyciel przestrzegał zasady nie walki. Dlatego obronna sztuka walki zawiera termin harmonia. W obronie ty jako aikidoka używasz swojej mocy, która wynika z harmonii prawidłowych ruchów. Ponadto celem nie jest zderzenie z atakującym, ale raczej zdolność do przekierowywania ataków fizycznych i harmonizowania ich w ten sposób jest w centrum uwagi. Nie reagujesz na gwałtowny atak kontr-przemocą. Zamiast tego wykorzystujesz swój umysł, zrelaksowane ciało i odpowiedni moment, aby się bronić. Zjednoczenie ciała i umysłu promuje wewnętrzny spokój i harmonijne myślenie. Jako aikidoka dążysz do harmonijnego i bez przemocy sposobu w konfliktach. Nie używasz silnego języka w przypadku niezgody z kolegami, krewnymi, przyjaciółmi lub członkami rodziny.

W końcu aikidoka wie, że przemoc zaczyna się od walki słów. Jednak w treningu aikido nauczysz się kierować ciałem z pomocą umysłu. Poruszasz się z energią napastnika. Po tym wszystkim, jesteś chętny do komunikowania się z jego umysłem. Empatia jest ważną cechą, która odgrywa nieodzowną rolę w każdej sztuce walki. Jednak, aby komunikować się z duchem atakującego, nie powinieneś wdawać się z nim w walkę. Jedynym sposobem na rozwiązanie konfliktu jest rozwiązanie go w sposób harmonijny. Ścieżka harmonii koncentruje się na rozwoju siły psychicznej i fizycznej. Dzięki temu zjednoczeniu zbudujesz silną pewność siebie. Dzięki temu osiągniecie wyższy status swoich zdolności fizycznych i umysłowych. Ponadto każdy, niezależnie od wieku, praktykuje aikido. Dzieci, młodzież i dorośli są zawsze mile widziane.

Nacisk kładziony jest na harmonijną samoobronę bez marnowania niepotrzebnej energii. Następnie przenosisz tę jakość na swoje codzienne życie. Ponieważ w gorączkowym i dynamicznym świecie kierujemy się emocjami, z jednej strony marnujemy energię, z drugiej nie dążymy do harmonijnych rozwiązań. Jednak czyniąc to szkodzimy naszemu ciału i umysłowi.

Dlatego przenosisz techniki trzymania aikido do codziennego życia. Jeśli zachowasz swoje emocje dla siebie w chwili gniewu i weźmiesz krótki oddech, opanujesz odpowiedni konflikt lub wyzwanie w harmonijny sposób. Jako aikidoka dążysz nie tylko w dojo, aby doprowadzić napastnika do pozycji, w której może się uspokoić, ale także w życiu codziennym. Morihei Ueshiba zawsze podkreślał, że nie uczy swoich uczniów, jak poruszać nogami, ale jak poruszać umysłem. Brak przemocy jest głównym tematem jego nauczania. Jako aikidoka rozwiązujesz wyzwania konstruktywnie i czerpiesz korzyści z wewnętrznego spokoju, którego nikt ci nie odbierze. Ponadto relacje międzyludzkie oparte na harmonii trwają dłużej, a w wielu przypadkach na całe życie.

57. Pokojowe rozwiązywanie konfliktów

"Sztuka walki nie nauczy cię walczyć. Uczy cię unikać tego, kiedy tylko możesz." - Lakshya Bharadwa

Ludzie, którzy nie znają ani sztuk walki łączą te zajęcia rekreacyjne z agresywnymi ludźmi. Zdecydowana większość jest zdania, że wojownicy to osoby gloryfikujące przemoc. Jednak zawodnicy sztuk walki w dojo zwykle uczą się czegoś przeciwnego. Trenują w sali pokojowe prowadzenie konfliktów. Dlatego mistrz aikido przypomina swoim uczniom filozofię ojca założyciela Morihei Ueshiby.

"Jak wiesz, aikido to miłująca pokój sztuka walki. Twoim celem nie jest skrzywdzenie agresora, ale doprowadzenie go do stanu, w którym może znaleźć spokój. Oferujesz mu możliwość powstrzymania się od kontynuowania walki. Dzięki tym technikom nadal jesteś w stanie skutecznie się bronić. Ueshiba zawsze podkreślał, do czego zmierzają sztuki walki. Nie mają one na celu zniszczenie atakującego, ale pokonanie go na poziomie duchowym, aby dobrowolnie zakończył agresję, którą rozpoczął. Zamknij serce napastnika. Ponadto Ueshiba wyjaśnił tajemnicę aikido. Nie chodzi o to, jak się poruszasz, ale o to, jak wprawiasz swój umysł w ruch.

Ostatecznie nie uczył swoich uczniów technik sztuk walki. Zamiast tego dałeś im pouczające lekcje o niestosowaniu przemocy. Te stwierdzenia są na początku nieporównywalnie sprzeczne, prawda? Jednak jako wieloletni aikidoka zapewniam, że te stwierdzenia są prawdziwe. Nasze sztuki walki pomogą ci pokojowo rozwiązywać konflikty. Podczas swojego życia napotkasz liczne problemy. Na szczęście większość chętnie rozwiązuje je bez przemocy fizycznej lub psychicznej. Co więcej, ćwiczysz aikido, aby trenować swoje ciało i w ten sposób kultywować wewnętrzny spokój. Dzięki tej fizycznej sile i silnej wewnętrznej istocie jesteś w stanie doskonale opanować codzienne konflikty. Są nieuniknione. Ich pochodzenie tkwi w różnych wartościach i oczekiwaniach ludzi. Aby pokojowo rozwiązywać konflikty, powinieneś zwrócić uwagę na swoją postawę.

Ważną rolę odgrywa to, jak doceniasz lub dewaluujesz wartości swojego odpowiednika. Wiedz, że twoi bliscy ludzie nie reprezentują twojej opinii. Dlatego możesz je również szanować. Techniki aikido nie mają na celu zranić przeciwnika, ale dać mu możliwość zrozumienia. Powinieneś zastosować tę zasadę do wszystkich codziennych konfliktów. W większości przypadków są one przeprowadzane na poziomie słownym. Niektórzy używają słów, takich jak krzywdzenie broni. Podobnie jak w aikido celem nie jest zniszczenie przeciwnika, w sytuacjach konfliktowych nie należy dążyć do zniszczenia swojego "rywala". Sztuki walki uczą cię unikać walk. Dla aikidoki spory lub inne konfrontacje są pokojowe. Możesz przyczynić się do pokojowego rozwiązania konfliktów, stosując zasady technik aikido.

Należy powstrzymać się od odwołań, oskarżeń i oskarżeń. Co więcej, powinieneś internalizować, że nie zawsze masz rację. Zamiast tego steruj rozmową w spokojnym kierunku, angażując swojego odpowiednika w znalezienie rozwiązania. Zapytaj go o dokładną pozycję. Kiedy już to wyjaśnisz, przejdź do pytań zorientowanych na rozwiązanie. W końcu robisz to samo w dojo. Atakujący wykonuje atak, a ty przesuwasz go, aby przemyśleć technikę. W sytuacji konfliktu słownego pytania zorientowane na rozwiązanie wyrażają się w formie wspólnego poszukiwania odpowiedniego rozwiązania. Oczekuję od Ciebie jako aikidoki, że promieniujesz wewnętrznym pokojem w przypadku nadchodzących konfliktów, co uspokaja twojego partnera konfliktowego. W dojo uczysz się unikać walk, gdzie tylko to możliwe.

Wyobraź sobie, że pracujesz jako catering w restauracji, a twój gość narzeka na jedzenie. Warto dla nas jako gospodarza pokojowo rozstrzygnąć ten konflikt ofertą ugodową. Eskalacja tego sporu zaszkodzi twojej reputacji. Jako aikidoka rozwiązujesz rozmowę spokojnie, bo wiesz, że nie zawsze masz właściwe zdanie. Dotyczy to wszystkich osób, z którymi popadasz w konflikt. Dzięki swojemu wewnętrznemu pokojowi możesz przekazać go rodzinie, przyjaciołom, kolegom, przełożonym czy klientom. Ponadto stosuje się zasadę technik. Na koniec poczekaj na atak i odpowiednio zareaguj. To samo dotyczy trudnych rozmów. Słuchaj, aby zrozumieć swojego rozmówcę, a nie tylko go parować. Dobieraj słowa ostrożnie. I przyzwyczajaj się do podnoszenia głosu, a nie głosu w konflikcie. Zamiast tego popraw jakość swoich argumentów."

58. Uczciwość oznacza silne osobowości

"Prowadzenie z uczciwością i empatią wymaga wizji i silnego połączenia z twoim wewnętrznym ja." - Karla McLaren.

Uczciwość odgrywa ważną rolę nie tylko w sztukach walki, ale także w życiu codziennym. Ci, którzy biorą to sobie do serca, korzystają z wewnętrznej siły. Zawodnicy sztuk walki postrzegają siebie jako część społeczności artystycznej. W dojo rozwijają silne poczucie wspólnoty, które zawsze utrzymują. Podstawą tego jest zaufanie i uczciwość - analogiczna do prawdziwej rodziny. Termin integralność oznacza wnikliwość w wielu dyscyplinach. Zawodnicy sztuk walki, jednak interpretują termin jako określony przez etykę.

Zawsze działają w ten sposób, aby osiągnąć maksymalną zgodność ze swoimi wartościami i ideałami. Ich osobista integralność jest odzwierciedlona jako lojalność wobec siebie. Ponadto sportowcy uczciwości są ostrożni, aby nie skrzywdzić swoich bliźnich. Mistrzowie dają dobry przykład. Jego podejście kształtuje synonimy godne zaufania, uczciwe, rzetelne i uczciwe. W końcu te cechy należą do integralności w sensie etycznym. W zakresie szkolenia. Wydaje się zdyscyplinowany i niezawodny w czasie treningu. Udowadnia również swoim uczniom, że mogą mu ufać. Trener szczerze mówi swoim zwolennikom, jak dobrze opanowali technikę i gdzie jest miejsce na poprawę. Dzięki tej intymnej atmosferze rozwija się szczególna relacja między uczniami a nauczycielami.

Sprawiedliwość jest również częścią uczciwości. Istnieje w dojo. Nikt nie jest traktowany nierównomiernie ze względu na swoje zdolności lub status społeczny. Członkowie ufają sobie nawzajem. Nie na darmo zawodnicy sztuk walki są opisywani jako godni zaufania przez swoich współbraci. Niektórzy mają naturalną skłonność do integralności. Inni inspirują się regularnym uczestnictwem w zajęciach. W samoobronie techniki mają pewien związek z atakiem. W ataku pięścią zaatakowana osoba blokuje atak. Jeśli jednak agresor zamierza użyć techniki duszenia, technika obrony jest inna.

Techniki samoobrony, które są proporcjonalne do ataku, można łączyć z integralnością. Atak i obrona są współzależne. W codziennym życiu artyści sztuk walki uczą się więc szybciej podążać za swoimi słowami czynami. Są w odpowiedniej relacji ze sobą, zamiast odbiegać od siebie tak bardzo, jak to możliwe. Ich towarzysze są składnikami uczciwości: zaufania i uczciwości. Dlatego aikidoka, judoka, karateka, taekwondoka, kickboxer, capoerista i wielu innych artystów sztuk walki cieszą się dużą popularnością wśród członków swojej rodziny, przyjaciół, krewnych, sąsiadów i kolegów z pracy. Stosują uczciwość, jakiej wymagają od nich sztuki walki w jak największym stopniu w życiu codziennym. Ich silne połączenie z ich wewnętrznym ja pozwala im to zrobić.

59. Sprzyjanie sprawiedliwości

"Nie może być sprawiedliwości dla tego, który nie jest człowiekiem."
- Luc de Clapiers Vauvenargues

Według mistrza karate karate to nie tylko sport, a w żadnym razie tylko filozofia życia, ale także pomocnik sprawiedliwości.

"Zachęcam was do dążenia do celu, jakim jest honorowe zachowanie w waszych spotkaniach z bliźnim. Wierzcie więc we własną sprawiedliwość i polegajcie mniej na poczuciu sprawiedliwości waszego otoczenia. Jeśli chcesz być sprawiedliwy, wiesz, że istnieje tylko "dobro" lub "zło". W dojo zawsze praktykujemy sprawiedliwe zachowanie. W końcu oczekuję, że bardziej zaawansowani wśród was będą traktować początkującego uczciwie podczas walki. Doświadczeni karateka nie łamią nosa początkującemu, ponieważ nie zakrywają wystarczająco twarzy. Krzywdzenie towarzysza byłoby niesprawiedliwe z powodu braku pokrycia twarzy. Większość nie czuje się komfortowo z tym zachowaniem. Widać z tego, że nasze poczucie sprawiedliwości intuicyjnie mówi nam, co jest dobre, a co złe. Co więcej, jesteście w pokoju ze sobą, kiedy dążycie do sprawiedliwego zachowania wobec swoich ludzi.

W końcu sprawiedliwość jest tym, czego oczekujesz w życiu codziennym. Nalegasz na uczciwe wynagrodzenie za swoją pracę. Uczniowie i studenci domagają się oceny według swoich osiągnięć. Jako rodzice jesteście zmuszeni unikać niesprawiedliwości między swoimi dziećmi. Również w swoim partnerstwie starasz się być sprawiedliwy wobec wybranego. Są one oparte na zasadzie dawania i brania. Na tej zasadzie opiera się trening karate. Dajecie sobie możliwość uczenia się od siebie nawzajem.

Byłoby jednak niesprawiedliwe, gdyby uczeń w dojo był tam tylko dla innych, aby ćwiczyć swoje techniki, ale nie miał możliwości rozwijania swoich umiejętności. Nie musisz jednak zamieniać się w fanatyków sprawiedliwości. W końcu ludzie różnią się pod wieloma względami. Jest jedna zasada, którą powinieneś przestrzegać w swoim miejscu pracy: Sprawiedliwość nie oznacza, że każdy kolega radzi sobie równie dobrze. Zamiast tego każdy pracuje w harmonii ze swoimi umiejętnościami. Na treningu oczekuję zaawansowanego ucznia do wykonania 20 pompek podczas rozgrzewki. Dla początkujących jestem zadowolony z dziesięciu pompek. Nie jest to niesprawiedliwe oczekiwanie, opiera się ono po prostu na umiejętnościach moich uczniów. Jeśli zauważę, że jeden z was znęca się nad towarzyszem, unikając go i wykluczając go z treningu, interweniuję. Nie będę tolerował takiej niesprawiedliwości. Tego samego oczekuję od ciebie. Jeśli staracie się być sprawiedliwi, jesteście w pokoju ze sobą i to wzmacnia wasze wewnętrzne ja."

60. Rozwijaj ludzkość poprzez sztuki walki

Każdy człowiek ma swój słaby punkt, i to czyni go człowiekiem." - *Oscar Wilde*

Liczne zdolności, cnoty i cechy charakteru odgrywają elementarną rolę w sztukach walki. Człowieczeństwo jest jedną z cech osobowości, które trenerzy rozwijają u swoich uczniów. Człowiek jako istota jest szanowany i szanowany przez nauczyciela, jak również przez jego kolegów w dojo w jego sposobie myślenia, jak również w swoim wyglądzie. Ponadto mistrzowie z stopniowym ukończeniem swoich uczniów przywiązują dużą wagę do tego, że przejmują rosnącą odpowiedzialność za kolejne pokolenia sztuk walki. Nauczyciele uczą swoich uczniów, aby promowali innych członków. Tymczasem dążą do celu, aby ani nie przeciążać ich podczas treningu.

Dzięki takiemu podejściu, zmotywowani uczniowie rozwijają wysoki poziom empatii zarówno dla swoich kolegów, jak i kolegów mężczyzn. Najlepiej, żeby charakteryzowały się silnym zrozumieniem innych sytuacji życiowych, lęków czy postaw. W judo zawodnicy stawiali się na pozycji rywali podczas zawodów Ranodri. W ten sposób kultywują swoją empatyczną zdolność. Ponadto nie tylko judoka, ale wszyscy studenci sztuk walki są uważni podczas treningu. Niemniej jednak wszyscy uczestnicy traktują się nawzajem z rozwagą, szacunkiem i nienaganną tolerancją. Jednym z powodów, dla których ludzie, którzy decydują się na praktykowanie sztuki walki lub sztuki walki leży w człowieczeństwie trenera i kolegów uczniów. Na pierwszy rzut oka większość kojarzy liczne cechy z sztukami walki, ale ludzkość niesłusznie nie jest skupiona. Istnieje jednak w każdym dojo. Szacunek i ludzkość przejmują kluczową funkcję. W brazylijskim jiu-jitsu i judo, gdzie dominuje Randori lub walka naziemna, zawodnicy praktykują humanitarną i tolerancyjną postawę wobec swoich towarzyszy. Automatycznie przenoszą to do życia codziennego i swoich bliźnich. Szczególnie podczas walki niektórzy ludzie zachowują się nieludzko.

W sztukach walki z drugiej strony, uczniowie praktykują szacunek do siebie nawet w walce i tolerować zwycięstwo drugiego. Walka przypomina ekstremalną sytuację. W judo lub brazylijskim jiu-jitsu walki trwają od dwóch do czterech minut. W tym czasie rywale zwykle dają wszystko, aby walczyć o siebie. Wykorzystują swoją wiedzę, umiejętności i doświadczenie. To ćwiczenie, które wymaga ludzkich zachowań od trenerów, idealnie przygotowuje mistrzów sztuk walki do codziennych walk. Nie zawsze są one przyjemne i łatwe. Rozmowy kwalifikacyjne są częścią nieprzyjemnych walk o pracę dla wielu ludzi. Jednak są one znacznie bardziej znośne, jeśli obie strony korzystają z człowieczeństwa. Egzaminy ustne w szkołach i na uniwersytetach również należą do nieprzyjemnych bitew. Humanitarne podejście egzaminatorów upraszcza sytuację dla wszystkich uczestników.

To samo dotyczy skarg w wolnej gospodarce. Ostatecznie skargi są bitwą, w której zaangażowane strony dążą do zwycięstwa. Wywiady, egzaminy, konkursy lub skargi czynią ludzi w pewien sposób podatnymi na zagrożenia. Niemniej jednak mogą one przynieść korzyści wszystkim zaangażowanym stronom, gdy tylko wszystkie zaangażowane Strony przywiązują dużą wagę do interakcji międzyludzkich. Obejmuje to słowa szacunku i tolerancji wobec opinii drugiej osoby. Mistrzowie sztuk walki łatwiej opanowują takie sytuacje, ponieważ w swoim dojo zawsze kierują się zasadą człowieczeństwa.

61. Żywa ksenofilia i zdobywanie wewnętrznej siły

"Otwartość jest kluczem do wzajemnego zrozumienia."- Ernst Ferstl

Qwan ki do to starożytna sztuka walki z Azji. Pochodzenie qwan ki do sięga ponad 4.000 lat wstecz. Poprawnym tłumaczeniem tej sztuki jest "ścieżka energii życiowej". Wszystkie sztuki walki, które zawierają termin "Ki" mają silny nacisk na wykorzystanie energii. Wielopłaszczyznowa sztuka walki charakteryzuje się rękami, stopą, zamiataniem, skokiem i technikami nożycowymi. Ponadto zmotywowani artyści sztuk walki mają przyjemność uczyć się wybranych technik zwierzęcych. Składają się z żurawia, tygrysa, małpy, smoka i węża. Ponadto, skuteczne techniki broni z kijem, lance, szabla i wietnamski miecz wzbogacić tę wyjątkową sztukę walki.

"Czy wiesz, jaka jest zaleta twojego istnienia w dojo qwan ki do? - Udowadniasz, że lubisz żyć z ksenofilią, która jest w każdym człowieku. Termin pochodzi z języka greckiego i oznacza zbiorową miłość do obcych lub nieznanych rzeczy. Nie boisz się nauczyć pouczającej sztuki walki z elementami azjatyckimi. Ludzie, którzy z powodzeniem zwalczają strach przed zagranicznymi sportami, skorzystają na zwycięstwie na wiele sposobów. Dzięki temu cieszycie się wewnętrznym spokojem. Nieuzasadnione lęki są nie tylko abstrakcyjnymi produktami naszych myśli, ale także rozrabiakami. Odbierają ci wewnętrzną siłę. Dzięki qwan ki dos nauczysz się mentalnie zdobywać moc smoka. W naszych sztukach walki działa jako symbol sztuk walki.

Wszyscy nosicie tę odznakę na poziomie serca

podczas treningu, poznacie teorię koloru Wietnamu. Zielony i niebieski symbolizują nie tylko nadzieję,ale także wolę i dobro. Biały oznacza, jak w każdym kraju, czystość. Czarny natomiast symbolizuje determinację i powagę. Czerwony działa jako symbol odwagi i silnego ducha walki. Żółty z kolei służy jako symbol jasności, hojności i szerokiego spojrzenia.

Twoje zwycięstwo nad ksenofobią, które jest przeciwieństwem ksenofilii, będzie miało pozytywny wpływ na twoje codzienne życie na wiele sposobów. Poszerzasz horyzonty wiedzy. Lęk przed obcymi rzeczami i kulturami przeszkadza nam z jednej strony w rozwoju, z drugiej zakłóca nasz wewnętrzny spokój. Ponieważ praktykujesz qwan ki do, nie boisz się cieszyć kulinarnymi przysmakami, które tworzą kraje azjatyckie.

Z tego powodu nie boisz się testować nieznanych rzeczy w swoim życiu zawodowym i prywatnym. Jako mistrzowie sztuk walki ćwiczący qwan ki do, wielokrotnie poszerzałeś swoją wiedzę i umiejętności sportowe. Dzięki tej sztuce walki jesteś sprawniejszy, bardziej elastyczny i silniejszy. Jesteś mniej podatny na irytujące choroby zakaźne. Nie bałeś się spróbować tej zagranicznej sztuki walki. Podczas regularnego szkolenia internalizowałeś dziesięć zasad, takich jak przyjmowanie sankcji lub ścisłe stosowanie zasad ustanowionych przez wyższe władze. Życie ksenofilii nie tylko poszerzyło horyzonty waszej wiedzy, ale także przyczyniło się w znacznym stopniu do dalszego rozwoju wewnętrznej siły, która w was tkwi. Również otwartość na innych ludzi i kultury jest kluczem do udanej współpracy."

62. Pierwsze wrażenie

"Nie ma drugiej szansy na pierwsze wrażenie."- Oscar Wilde

Trener samoobrony pracuje jako menedżer personalny w znanej firmie. W młodości brał udział jako utytułowany Judoka w licznych zawodach. Dzięki temu w wolnym czasie intensywnie zajmuje się walorami sztuk walki, w których się bronisz oraz sportów walki, w których bierzesz udział w zawodach. Co więcej, w swoich myślach buduje związek między tymi sportami a swoim codziennym życiem. Uważa, że jego wybór sportu pomógł mu na wiele sposobów w życiu. Z tego powodu lubi dzielić się swoją wiedzą ze swoimi uczniami, którzy zadają mu pytanie.

"Jaka jest różnica między sztuką walki a sportem walki?"

"Te dwa sporty mają jedną wspólną cechę: są skierowane do ludzi, którzy chcą nauczyć się walczyć z powodów osobistych. Ponadto zawodnicy dążą do poprawy swojej kondycji, wytrzymałości, dobrego samopoczucia i wyglądu fizycznego. Zwolennicy wspomnianego sportu dążą do poczucia wspólnoty, nawet jeśli odgrywa to podrzędną rolę.

W sztukach walki takich jak judo, teakwondo, karate, kckboxing czy brazylijskie jiu-jitsu, nacisk kładziony jest na rywalizację i porównanie dwóch sztuk walki. Tego rodzaju sztuki walki nie używają technik, które mogłyby poważnie zranić, trwale uszkodzić lub zabić przeciwnika. Istnieje również dokładny podział na różne klasy wagowe. Spełnia cel wymiaru sprawiedliwości i działa jako skuteczna profilaktyka przed urazami. Zawodnicy sztuk walki trenują swoją wytrzymałość. Poprawiają to intensywne skakanie na linie, bieganie, worek z piaskiem i trening

skoków. Ćwiczą również intensywny trening siłowy. Jest to niezbędne w połączeniu z wytrzymałością. Podczas walki w sporcie wyczynowym co najmniej jeden sędzia obserwuje walkę. Sam jest posiadaczem dan, zna zasady i wyznacza zwycięzcę. Zawodnicy, którzy nie przestrzegają zasad, są zdyskwalifikowani nawet po uznanym zwycięstwie. Ponadto sztuczne przedłużanie odbywa się podczas turnieju sztuk walki. Wszyscy zawodnicy dostają drugą szansę. Mają również wybór, aby dobrowolnie zrezygnować z walki. Czas i miejsce turnieju są znane z góry. Martial artyści przygotowują się do walki przez długi czas.
W walkach sztuk walki, jednak istnieją różne zasady. Techniki samoobrony nie są ani ograniczone, ani osłabione. Nie ma limitu czasu. Zwycięzca działa zgodnie z prawem, o ile jego technika pomaga mu odnieść sukces. Najlepsi zawodnicy wykorzystują swoje umiejętności, aby wygrać walkę. Sztuka walki polega na szybkim zakończeniu walki, gdy się bronisz. Ponadto w tej dyscyplinie nie ma drugiej szansy. Jest to ważny czynnik różnicujący."

Jako zawodnik, który jest zaangażowany w oba sporty, trener zna związek między sztukami walki, sportami walki i życiem codziennym. Jego kandydaci nie dostają drugiej szansy na pierwsze wrażenie, analogiczne do rywalizacji w sztukach walki. Rozmowa kwalifikacyjna w firmie to walka, którą uczestnicy muszą stoczyć na poziomie sztuk walki. Istnieją różne zasady. Kandydaci mogą korzystać ze wszystkich metod, które pozwalają im wysłać umowę o pracę. Rozmowa kwalifikacyjna jest pokojową walką, ale jest konkurencją o pracę. Celem jest pokonanie innych konkurentów.

Kiedy jednak walczymy o czyjąś uwagę, to od jego

preferencji zależy, czy uzna drugą szansę za właściwą. Niektórzy nauczyciele nigdy nie zmieniają swojego poglądu na ucznia, ponieważ są naznaczeni pierwszym wrażeniem. Inni są otwarci i uważają, że uczeń się poprawił. W szkole, na uniwersytecie i w firmie jednostki siedzą jako tak zwani artyści sztuk walki w swoim miejscu nauczania lub pracy. Dostają nową szansę z każdym dniem, który postrzegają jako walkę.

Z kolei restaurator staje w obliczu sytuacji sztuk walki, w której codziennie walczy o życie. Od pierwszego kęsa chętnie przekonuje swoich gości. Bardzo niewielu gości restauracji daje właścicielowi restauracji drugą szansę, jeśli poda im zwęglony posiłek podczas pierwszej wizyty.

Projektant wnętrz, który umebluje firmowe mieszkanie lub biuro również nie dostaje drugiej szansy. Musi wygrać za pierwszym razem, żeby go polecić.

Doradcy zdrowotni, którzy nie stawiają się w sytuacji swoich pacjentów i nie mają empatii, nie dostają drugiej szansy. Zmagają się również z klasyczną sytuacją w sztukach walki, walcząc każdego dnia o życie.

Studenci lub stażyści, którzy przystępują do egzaminu końcowego, powinni również uznać to za walkę o życie w sztukach walki. Nawet jeśli dostaną drugą szansę, muszą zdać egzamin najpóźniej przy drugiej lub trzeciej próbie. Dlatego są po bezpieczniejszej stronie, jeśli postrzegają swoje egzaminy jako bojowników sztuk walki.

Z drugiej strony ci, którzy gotują posiłek dla siebie w domu, praktykują sztukę walki bez walki o życie. Walczy o przygotowanie jadalnego posiłku. Obiektywnymi sędziami mogą być jednak inni członkowie rodziny. Tutaj liczy się nie tyle pierwsze wrażenie, co raczej wytrzymałość i regularny trening w postaci ciągłego gotowania.

63. Równowaga zapewnia wewnętrzną siłę

"Wewnętrzny spokój i równowaga wzmacniają twoją duszę. Wejdź w siebie, znajdź siebie, a z łatwością opanujesz życie." - Azjatycka mądrość

Karate nie tylko wzmacnia twoje mięśnie, ale także daje ci wewnętrzną siłę. Zawodnicy sztuk walki korzystają z równowagi. Czujesz się lepiej, bo robisz coś dobrego dla swojego ciała i umysłu. Zmniejszasz napięcie dzięki kopnięciom, uderzeniom i technikom uderzeń. W rezultacie obniżasz poziom stresu. Wreszcie, wysoki poziom stresu utrudnia zrównoważoną egzystencję. Dlatego wszyscy potrzebujemy spokojnego snu i odpoczynku. Intensywny trening karate pomaga poprawić jakość snu. Zarówno twoje ciało, jak i umysł są zrelaksowane i zmęczone jednocześnie po treningu karate.

Uwalniasz również hormony szczęścia podczas treningu. Potrzebujesz tego dla wewnętrznego spokoju. Jak tylko odwiedzisz naszą szkołę karate od dwóch do trzech razy w tygodniu, wniesiesz ogromny wkład w utrzymanie wewnętrznego spokoju.

Dzisiaj skupiamy się na Makiwarze. To pomaga rozwijać swoją wewnętrzną siłę. Teraz będziemy ćwiczyć krawędź ręki. W końcu poprawisz swoją technikę wykrawania i zdolność wykrawania w tym samym czasie. Po tym treningu będziesz wyczerpana, ale poczujesz się wyraźnie dobrze w swojej skórze. Chociaż krawędź uderzenia ręki wymaga siły i koncentracji, ma uspokajający wpływ na twoją psychikę. W międzyczasie skupiasz się na prawidłowej technice oddychania. Tworzy to równowagę, która wzmacnia twój wewnętrzny spokój. Jednym uderzeniem ręki w Makiwarę twardniejesz zarówno zewnętrznie, jak i wewnętrznie. Wzmacniasz swój układ odpornościowy.

Z każdym ciosem uwalniasz swój umysł od negatywnych myśli. Zmniejszasz stres i przekazujesz go Makiwarze. W ten sposób twoje ciało korzysta z dostaw energii. Ponieważ w dzisiejszym dynamicznym świecie nikt nie ucieka od stresującej codzienności, każdy potrzebuje czasu i miejsca, które pozwala na skuteczną redukcję stresu. Ponadto pozytywne nastawienie podstawowe stanowi podstawę do w dużej mierze bezstresowego codziennego życia. W ten sposób decydujesz, czy negatywne sytuacje cię pogrążą. W dojo walczysz jednak z niepokojącymi czynnikami.

Wyobraź sobie Makiwarę jako "negatywne wyzwanie". Ćwicząc tę jedną technikę uderzeń, zdecydowanie walczysz przeciwko swojej sytuacji, którą oceniasz jako negatywną. Opracujesz również rozwiązanie, aby rozwiązać ten problem. Ruch fizyczny zwiększa zdolność myślenia. Skutecznie trenujesz równowagę. Napięcia psychiczne nie trwają wystarczająco długo, by cię rozchorować.

Nawet optymiści wątpią w siebie. Zawodnicy sztuk walki poszukują swojego dojo w tych momentach, gdy tylko będą mieli okazję. Makiwara pomaga im usunąć negatywne myśli. Ćwicz technikę dziurkowania, kopania lub pięści, aż wątpliwości znikną. Jednakże, staniesz przed wielkim wyzwaniem, gdy tylko twoi bliscy ludzie nie będą respektować twoich osobistych ograniczeń. Jest to prawdą nie tylko wtedy, gdy twoi bliźni podchodzą do ciebie zbyt blisko. Granice są również przekraczane, gdy ktoś ma twój czas i nie szanuje ograniczeń, które się z nim wiążą. Jeśli jesteś przytłoczony przez innych, masz również trudności ze spokojną reakcją. Aby się nie denerwować, powinieneś wyjaśnić na czas, gdzie są twoje granice. Komunikuj się wyraźnie z innymi, gdy potrzebujesz czasu dla siebie, zamiast czekać z nimi w kawiarni.

Aby być zrównoważonym, powinieneś dbać o siebie. Podobnie, musisz bronić swoich ograniczeń w czasie, tak jak nauczysz się bronić przed atakami fizycznymi tutaj. Im bardziej zrównoważony jesteś, tym lepiej możesz działać w życiu prywatnym i zawodowym. Jesteś bardziej zrelaksowany w kontaktach z ulubionymi ludźmi, jesteś tak samo zrelaksowany z tymi, którzy kiedyś wywołali w tobie niepokojące uczucia, lepiej wykonujesz swoje zadania zawodowe i lepiej radzisz sobie z samym sobą. Trening na Makiwarze trenuje równowagę, podobnie jak podnoszenie brzucha wzmacnia mięśnie brzucha.

64. Wzmocnienie siły fizycznej i psychicznej

"Moc umysłu jest bezgraniczna; moc mięśni jest ograniczona."
- Koichi Tohai

Trener karate doświadczył fascynującego efektu Makiwary w młodym wieku. Na początku wydawało się, że to tylko trening jego siły uderzeniowej. Z biegiem lat to proste narzędzie nauczyło ich lepiej. Regularne treningi Makiwary wzmacniały nie tylko jego ciało, ale także umysł. W świecie sztuk walki Makiwara cieszy się reputacją "Rady mądrości". Daje to karatekom informację zwrotną na temat tego, czy prawidłowo wykonują techniki uderzeń i kopnięć.

Uczniowie i mistrzowie polegają na drewnianym nauczycielu z dwóch powodów. Po pierwsze, trenują swoją dużą siłę na tym urządzeniu treningowym, a po drugie, zwiększają swoją wytrzymałość siłową dzięki makiwarze. Ta pierwsza jest używana, gdy karateka wykonuje cios pięścią, cios ręką lub kopnięcie. Konieczne jest pomyślne przejście testu zerwania. Szybka moc wymaga regularnej i ukierunkowanej praktyki. Zaawansowani uczniowie przywiązują ciężary do kostek i nadgarstków. Poprawia to ich technikę wykrawania i kopania wiele razy.

Inne ćwiczenia poprawiające tego typu siłę paradoksalnie polegają na powolnym wykonaniu ciosu. Niemniej jednak, karateka mocno uderza nauczyciela drewna. 30 minut po tym wariancie ćwiczeń wydaje się, że trzy godziny treningowe. Jednak doświadczeni karateka nie tylko mają reprezentacyjną szybką moc, ale także dobrą wytrzymałość energetyczną. Ten ostatni promuje ich kondycję fizyczną.

Dzisiejszy model Makiwary jest podobny do

poprzedniego modelu, który składał się z deski ze słomy i płótna. W międzyczasie deski są otoczone skórą, gumą i pianką. Istnieją również modele, które stoją i przedmioty, które zwisają z sufitu. Pierwszy nazywa się Taichi, drugi Age. Makiwara działa jako nauczyciel z innych powodów, ponieważ reaguje na kopnięcia i ciosy. Karateka otrzymuje informacje zwrotne, które widzą, czują i słyszą. Deska jest idealna do treningu wytrzymałościowego. W dzisiejszym treningu mistrz motywuje swoich uczniów do Ćwiczenia skoków, których japońska nazwa to Maetobigeri. Podczas tego ćwiczenia karateka trenują swoją siłę skoków i kopnięć oraz kondycję. Ponieważ kopnięcie to wymaga wysiłku i dyscypliny ze strony trenującego, wzmacnia również jego ducha walki.

W codziennym życiu potrzebujesz silnego umysłu, nie będąc tego świadomym. Co jakiś czas słyszy się określenie "duch walki". Termin ten symbolizuje twojego ducha walki. Zależy to od zaangażowania, które podejmujesz, aby osiągnąć swoje cele. Szczególnie w życiu prywatnym i zawodowym potrzebujesz wytrzymałości siłowej. Pokazujesz to w szkole, aby osiągnąć odpowiedni stopień. Tymczasem osiągacie swoje granice, a mimo to wciąż jedziecie.

Jako mistrz sztuk walki masz silnego ducha walki. To daje szczególną wytrzymałość. Wytrzymałość mocy wzmacnia twojego ducha. Speed Power uczy używać siły psychicznej w różnych sytuacjach.

Jest to używane, gdy jesteś w sytuacji egzaminu. Podczas egzaminu pisemnego uruchamiasz wszystko, aby w krótkim czasie odtworzyć materiał, którego się nauczyłeś. Wyszukujesz w pamięci niezbędne informacje, które zapisałeś. Proces ten jest podobny do szybkości fizycznej w treningu. Korzystasz również z innej korzyści. W dojo okazuje się, że siła mięśni jest ograniczona, w przeciwieństwie do siły umysłu.

65. Walka z cierpieniem psychicznym i fizycznym

"Ból jest najlepszym z nauczycieli, ale nikt nie chce uczestniczyć w jego lekcjach." - Choi Hong Hi

Wszyscy zawodnicy sztuk walki cierpią na fizyczny ból podczas treningu. Już podczas intensywnego treningu rozgrzewkowego rozciągają mięśnie i więzadła aż do osiągnięcia progu bólu. Ci, którzy praktykują kung fu, karate, taekwondo, kickboxing, kenpo lub jakikolwiek inny sport, który obejmuje liczne techniki nóg, potrzebują silnych mięśni nóg. Jednak poprawiają ich rozciąganie, tylko wtedy, gdy wykonują je w sposób ciągły, aż osiągną próg bólu.

Trenerzy sztuk walki pokazują swoim uczniom, dlaczego ból jest dobrym nauczycielem poprzez liczne ćwiczenia. W dzisiejszym treningu trener wybiera klasyczne ćwiczenie, które jest ćwiczone z początkującymi i zaawansowanymi uczniami. Siada na matach, rozciąga nogi i kładzie klatkę piersiową na udach. Następnie prosi swoich uczniów, aby zrobili to samo. Ci, którzy opanowali to ćwiczenie, uważają ten rytuał rozgrzewki za bułkę z masłem. Inni kładą głowę na kolanach. Nie tylko początkujący, którzy wykonują to ćwiczenie po raz pierwszy, ale także zaawansowani uczniowie odczuwają ból lub lekkie pociągnięcie. Z tego powodu nauczyciel wyjaśnia uczniom korzyści płynące z bólu fizycznego.

"Jako ambitni zawodnicy sztuk walki jesteście w stanie przezwyciężyć ten rozciągający ból, aby poprawić swoje rozciąganie. Jestem tutaj, aby dostosować ćwiczenia tak, abyście czuli lekki, ale intensywny ból fizyczny w każdym treningu sztuk walki. To wzmacnia cię nie tylko fizycznie, ale także psychicznie. Istnieją również inne możliwości przedłużenia indywidualnego progu bólu. Klasyczne uderzenie krawędziowe dłoni karate jest jednym z tych ćwiczeń. Dzięki tej technice uderzeń karateka łatwiej radzi sobie z bólem fizycznym."

Tymczasem trener uderza w worek z piaskiem.

"Wiesz, nawet kiedy uderzam w torbę, czuję teraz tylko lekkie pociągnięcie. Ale to bolesne walenie pomaga mi doskonalić moją technikę uderzeń. Co więcej, zarówno moje ciało, jak i moja psychika stają się bardziej odporne na ból psychiczny. Wszystkie rodzaje sztuk walki."

Ćwiczenia rozciągające, jak również krawędź uderzeń dłoni mają wspaniały efekt uboczny. Wzmacniają twój umysł. Jest to logiczna konsekwencja tych rytuałów ćwiczeń. W końcu ciało i umysł są nierozłączne. Wojownicy radzą sobie z bólem psychicznym znacznie lepiej niż ich bliscy. W życiu każdego z nas uderza los, który obciąża naszą psychikę. Utrata bliskiej osoby ma negatywny wpływ na naszą kondycję psychiczną. Niektórzy ludzie cierpią psychicznie z innych powodów. Jest to szczególnie prawdziwe, gdy mają pewne oczekiwania wobec swoich bliźnich, ale ci, których to dotyczy, nie spełniają ich. Jako wojownicy wzmacniasz swój umysł fizycznym bólem.

Tak jak tutaj podczas treningu próg bólu jest wydłużony, szybciej pokonujesz ból psychiczny w czasach kryzysu. Ponadto, wojownicy zawsze doświadczają fizycznego bólu podczas treningu.

Wszyscy obecni patrzą na trenera z entuzjazmem. Ale ponieważ większość z nich chce przystąpić do egzaminu na pierwszy Dan, nie mają wyboru i muszą postępować zgodnie z instrukcjami trenera. Następnie pokazuje im kolejne ćwiczenie, które udowadnia, dlaczego ból fizyczny jest warunkiem koniecznym w naszym sporcie. Poprosił uczniów, aby wykonali ruch do przodu na matach. Potem zadaje im pytanie:

"Czy pamiętasz swój czas jako początkujący? Wszyscy uznaliście, że maty są zbyt twarde. Teraz jest czas, aby ćwiczyć rolkę do przodu na parkiecie."

Jako trener daje dobry przykład. Demonstruje spadające ćwiczenia bez nawet wyrazu twarzy. Uczniowie go śledzą. Jednak niektóre z nich jasno pokazują, że uważają to ćwiczenie za nieprzyjemne.

"Można poczuć, że parkiet, w przeciwieństwie do mat,nie ustępuje. Czujesz fizyczny ból, który zmusza cię do prawidłowego wykonywania ćwiczeń upadku. Najpóźniej teraz rozumiesz, dlaczego ważne jest, aby położyć głowę na lewym ramieniu podczas upadku. Z tego powodu będziesz w stanie spaść na twardszą powierzchnię, nie raniąc głowy. Jeśli tego nie zrobisz, doświadczysz nieprzyjemnego bólu podczas toczenia. Dlatego ból fizyczny działa jako cichy i wysoko wykwalifikowany nauczyciel podczas lekcji sztuk walki. Uczy prawidłowego wykonywania ćwiczeń. Ból fizyczny działa jako dobry nauczyciel, ale niestety wiele osób nie chce uczęszczać na tego typu zajęcia.

66. Wzmocnienie organizmu poprzez sztuki walki

"Jeśli nie ma mocy w ciele i duszy, nie możesz zrozumieć, co jest w środku." - Swami Vivekânanda

Sztuki walki zdobyć punkty z pozytywnymi skutkami ubocznymi. Ważnym aspektem jest wzmocnienie organizmu. Jest prawie niemożliwe, aby regularnie wykonywać działania sztuki walki i pozostać słabym fizycznie. Prawie wszyscy zawodnicy ćwiczą pompki w dojo. Należą do podstawowych ćwiczeń. Podczas tego ćwiczenia wzmacniane są mięśnie brzucha, ramienia, nogi, pośladka i pleców. Dzięki temu ćwiczeniu można zmniejszyć lub nawet wyleczyć problemy z postawą. Bokser, karateka i taekwondoka również ćwiczą pięści. Używają ich do wzmocnienia mięśni ramion i stawów. Hartowanie to nazwa tego imponującego wyniku. Zawodnicy sztuk walki charakteryzują się prostym chodem ze względu na ich wieloletnie szkolenie. Oznacza również zadowoloną wewnętrzną istotę.

Ćwiczenia równowagi są również integralną częścią treningu sztuk walki. Karateka ćwiczy kopnięcie do przodu zwane Mae-Geri. Robią krok naprzód z całą swoją siłą fizyczną. To kopnięcie wygląda łatwo z boku. Niemniej jednak składa się z siły, równowagi, koordynacji, elastyczności, silnych mięśni i koncentracji.

Judoka natomiast ćwiczy liczne ćwiczenia równowagi. Rzut biodrowy zwany O-Gsohi wymaga silnych mięśni i mocnego stojaka. Zawodnicy sztuk walki uprawiający brazylijskie jiu-jitsu również starają się znaleźć pozycję, w której mają dobrą równowagę, nawet jeśli trenują głównie na podłodze. Capoeiriści należą do tych wojowników, którzy doskonale łączą trzy składniki siły mięśniowej, koordynacji i równowagi.

Jednak ćwiczenia równowagi odgrywają ważną rolę nie tylko w dojo. W życiu zawodowym i prywatnym opłaca się mieć stanowczy punkt widzenia. Zawodnicy sztuk walki nie tylko trenują mięśnie i równowagę, ale także koordynację. W judo istnieje rzut zwany Tomoe-Nage. Ten rzut głową wymaga nie tylko siły, ale także dobrego poczucia równowagi. Tymczasem lewa stopa Tori stoi bezpiecznie na matach.

Tomoe-nage może być wykonywany tylko przez judoków, którzy pozwolili swoim dłoniom i prawej nodze pracować razem. Umiejętności koordynacyjne są przedmiotem tego rzutu. W końcu mózg współpracuje z całym mięśniem ciała, aby wykonać technikę. Idealnie, intensywny trening koordynacji w każdym dojo przynosi kolejne korzyści. Z jednej strony artyści sztuk walki rozwijają nie tylko sprawność fizyczną, ale także umysłową. Z drugiej strony dobrze skoordynowane ruchy wymagają mniej wysiłku. W związku z tym zużycie tlenu zmniejsza się automatycznie. Zawodnicy sztuk walki oszczędzają wydatki na energię również na inne rzeczy.

W wielu sztukach walki studenci mogą wykonywać jesienne ćwiczenia. Dobra zdolność koordynacji przejmuje kluczową funkcję podczas tych ćwiczeń. Dzięki temu treningowi koordynacji zawodnicy sztuk walki rzadko padają tak nieszczęśliwi, jak ludzie, których zdolność koordynacji pozostawia coś do życzenia. To pokazuje, że dobra koordynacja służy jako profilaktyka przed urazami i upadkami. Jesienne ćwiczenia uczą mistrzów sztuk walki wykonywać wszystkie ćwiczenia w skoordynowany sposób, który jest łatwy w stawach. Również delikatnie toczą się stopami. W ten sposób przeciwdziałają silnym uderzeniom. Ten rodzaj kontroli ciała pomaga nie tylko opanować codzienne i fizyczne wyzwania, ale także zadania umysłowe. W pisemnym badaniu mózg kieruje odpowiedziami. Podczas gdy ręce kładą je na papierze. Zawodnicy sztuk walki, którzy regularnie ćwiczą swoją koordynację z technikami rzucania, łatwiej radzą sobie z egzaminami. Istnieją jednak dwa inne powody wzmocnienia organizmu podczas praktyki sztuki walki-elastyczność i wytrzymałość.

Karateka, taekwondoka, bokser lub kickboxer ćwiczą pięści. W ten sposób wzmacniają swoją wytrzymałość. Judoka trenuje Randori. Te trwają od dwóch do czterech minut. Na pierwszy rzut oka ten termin wydaje się "krótki". Ale judoka, który daje z siebie wszystko podczas walki, wie, jaką rolę odgrywa wytrzymałość. Dlatego mistrzowie sztuk walki motywują swoich uczniów do wielokrotnego podnoszenia wytrzymałości. I podkreślają raz za razem:

"Zwiększasz je tylko wtedy, gdy kontynuujesz, nawet jeśli myślisz,że nie możesz kontynuować. Regularne ćwiczenia wytrzymałościowe w sztukach walki poprawiają oddychanie i krążenie krwi w organizmie. Mózg również korzysta z tego procesu. Ponadto wojownicy wzmacniają swoją ogólną odporność. Ich układ odpornościowy korzysta również z intensywnego treningu fitness. Dobra wytrzymałość znajduje odzwierciedlenie w osobistych celach. Wojownicy wytrzymałościowi nie poddają się, dopóki nie osiągną swojego marzenia."

Elastyczność jest wymagana w każdej sztuce walki.

Nie tylko judocy używają go w swoich Randori, ale także kickboxerzy w walce swobodnej. Wreszcie elastycznie reagują na ruchy swojego partnera treningowego. Trening elastyczności zwiększa wskaźnik sukcesu w życiu prywatnym i zawodowym. Elastyczni ludzie szybciej reagują na trudne pytania podczas rozmowy kwalifikacyjnej. Elastyczni ludzie łatwiej i szybciej dostosowują się do swojego środowiska. Elastyczni ludzie zawsze robią wszystko, co w ich życiu najlepsze.

Dlatego elastyczność, wytrzymałość, silne mięśnie, umiejętności koordynacji i dobra równowaga przyczyniają się do ponadprzeciętnego wzmocnienia organizmu. Jak tylko ciało ma tę siłę fizyczną, zdobywa również wewnętrzną siłę.

67. Niedoceniana rola żywienia

"Należy ofiarować coś dobrego ciału, aby dusza pragnęła w nim zamieszkać." - Winston Churchill

Dziś jest jeden z tych dni, kiedy uczennica zgrzeszyła w odniesieniu do swojej diety. Czuła, że nie zdała egzaminu i sfrustrowana poszła do restauracji fast food. Za każdym razem, gdy jest niezadowolona ze swojego życia, pociesza się posiłkiem. Jednak smaczne, ale raczej niezdrowe posiłki nie są jedynym sposobem na podniesienie jej na duchu.

Z niecierpliwością czeka na trening jiu-jitsu. Odbywa się w piątki o godzinie 19:00. Nigdy nie interesowały ją bezsensowne przyjęcia. Na gryzące komentarze kolegów reaguje tylko z uśmiechem. Znała zalety swojego szkolenia. Wysiłek fizyczny pomaga jej przezwyciężyć umysłowe wyzwania związane z jej studiami.

Kiedy przychodzi na trening, nie nadąża za pompkami podczas gimnastyki rozgrzewkowej. Po 20 jednostkach poddaje się i kładzie na brzuchu. Trener, który bierze udział w rozgrzewce i nadal obserwuje wszystkich uczniów, nie zna tego typu zachowań od swojej ambitnej uczennicy jiu-jitsu.

"Źle się czujesz?"

"Obawiam się, że mój dzisiejszy wybór menu zostanie pomszczony. Niedobrze mi. Zazwyczaj wiem, że ani obiady przed telewizorem, ani fast foody nie zdenerwują mojego żołądka. Ale kiedy wyszłam dziś z egzaminu, zjadłam wysokokaloryczne, tłuste i zbyt słodkie danie z czystego refleksu. Wiem jednak, jak zły jest ten wybór jedzenia dla mojego zdrowia. Takie potrawy okradają mnie z mojej energii i jednocześnie wywołują mentalną i fizyczną inercję."

"Więc usiądź na ławce. Nie ma sprawy. My, zawodnicy sztuk walki, łączymy ze sobą trzy składniki odżywianie - sport - duch. Naukowcy wierzą również, że my, ludzie, mamy trzy mózgi. Jeden siedzi w głowie i określa nasze logiczne i intelektualne zachowanie. Jednak 90 procent naszych działań wykonujemy nieświadomie. Drugi mózg znajduje się w okolicy brzucha i nazywa się jelitem. 90 procent serotoniny jest wytwarzane w jelitach. Kiedy jesz lepiej, czujesz się lepiej. Trzeci mózg to nasze serce. Istnieje wiele połączeń, które prowadzą z serca do mózgu, a stamtąd z powrotem do serca. Dowiedziałem się, jak ważne jest odżywianie dla nas sztuk walki dopiero po kilku latach treningu. Brałem udział w bardzo uczęszczanym seminarium sztuk walki. Ponieważ nie miało to miejsca w moim miejscu zamieszkania, zatrzymałem się na noc w hotelu.

Rano bufet zaprosił mnie na nieodparte śniadanie. Zjadłam dwie kanapki, trochę sera z oliwkami, pomidorki koktajlowe i dwa jajka sadzone. Kiedy właśnie skończyłem, kierownik seminarium podszedł do mnie z wyborem śniadania i zapytał, czy mógłby usiąść ze mną. Spojrzałem na jego tacę i byłem szczęśliwy, że skończyłem śniadanie. Zjadł tylko pół bułki z kawałkiem wędzonego łososia i wypił z nią filiżankę zielonej herbaty. Kiedy mówił, wpatrywałem się w jego talerz, jakby zahipnotyzowany. Wierzyłem, że duża ilość jedzenia jest niezbędna, aby poradzić sobie z kilkugodzinnym treningiem. Trener udowodnił, że się mylę. Od tego momentu postanowiłem poświęcić więcej uwagi tematowi żywienia. Wcześniej myślałem, że skoro intensywnie trenuję sztuki walki, mogę jeść co chcę i ile chcę.

Dlatego poprosiłem doświadczonego trenera, aby opowiedział mi o swoich nawykach żywieniowych. Ujawnił mi informacje, że jelita są związane z naszym układem odpornościowym, naszym zdrowiem i naszym stanem umysłu. Po raz pierwszy usłyszałem o zasadzie Hara-hachi-bu. W tym przypadku smakosze przestają jeść, gdy tylko wypełnią żołądki do 80 procent. Celem tej diety jest samokontrola, umiar i dobrowolne wyrzeczenie się. Wojownicy i tak powinni mieć te cechy.

Wyobraź sobie, że podczas dwugodzinnego treningu pokażę Ci pięć technik, których nigdy wcześniej nie widziałeś. Z tym bym cię przeciążał, ani twoje ciało, ani twój umysł nie byłyby w stanie przetworzyć tej informacji i odtworzyć jej doskonale. Ponadto, dziesięć procent technik może utknąć. Z drugiej strony, jeśli skupisz się na najważniejszych rzeczach, zwrócę twoją uwagę.

Oczekuję, że weźmiesz udział w szkoleniu. Oznacza to, że kiedy wykonujemy ćwiczenia upadku, upadamy. Kiedy rzucamy, rzucamy. Kiedy trenujemy katów, katowie są w centrum uwagi. Nie będę tolerował prywatnych rozmów, leniwego stania i rozpraszania telefonów komórkowych. To samo dotyczy jedzenia posiłku. Jeśli jesz, jedz. Nie oglądaj telewizji z boku, nie czytaj gazety, nie baw się smartfonem i ograniczaj rozmowę do minimum.

Poczuj jedzenie podczas jedzenia. Skoncentruj się na posiłku. Prawdopodobnie znasz zasady zbilansowanej diety. Nie będę cię tym obciążał. Jako mistrz sztuk walki potrzebujesz węglowodanów, które dostarczają ci energii. Ziemniaki lub produkty pełnoziarniste dostarczają węglowodanów. Białko buduje twoje mięśnie i wspomaga ich regenerację.

Jedz regularnie. Zwróć uwagę na witaminy, minerały i pierwiastki śladowe.

Jeśli spożywana żywność jest wysoce przetworzona, uszkodzi żołądek, ciało, wydajność umysłową i sportową. Słodkie napoje wyprowadzają cię ze środka. Mogą sprawić, że twój umysł będzie niespokojny i osłabi twoje ciało.

Jedz zróżnicowaną dietę i zwracaj uwagę na żywność zawierającą kwasy tłuszczowe omega-3. Jest to nie tylko dobre dla jelit, ale także dla mózgu. Ponadto upewnij się, że pijesz wystarczającą ilość płynów. Polegaj na wodzie lub niesłodzonej zielonej herbacie. Jako wieloletni artysta sztuk walki, mogę tylko doradzić, aby nie zaniedbywać aspekt odżywiania. To znacznie przyczynia się do sukcesu w szkoleniu, jak również w życiu zawodowym i prywatnym.

Tylko Hara-hachi-bu dała mi ważną lekcję. Stosowałem ją również w życiu zawodowym. Wyobraź sobie, że dajesz wykład w swojej firmie lub na uniwersytecie i całkowicie wypełniasz slajdy. W ten sposób uwaga słuchaczy spadnie, a oni mogą zachować pięć procent informacji. Z drugiej strony, jeśli zastosujesz zasadę Hara-hachi-bu i wypełnisz slajdy mniejszą ilością słów lub zdjęć, twoi odbiorcy zachowają dużą część informacji.

To samo dotyczy szefa kuchni, jeśli chodzi o składanie menu. Mniej znaczy często więcej. Zbyt wiele różnych smaków utrudnia zmysły i stoi na drodze do prawdziwej przyjemności. Ponadto, dzięki zdrowej i odpowiedniej diecie, nie tylko twoje ciało, ale także twój umysł może działać lepiej.

68. Inwestowanie w zdrowie nigdy nie jest złe

"Jeśli nie robisz czegoś dla swojego zdrowia każdego dnia, to pewnego dnia będziesz musiał poświęcić wiele czasu na swoją chorobę."
- Sebastian Kneipp

Aikidoka wszedł do dojo trochę zmęczony i zagubiony w myślach. Dziś siedział na uniwersytecie prawie cały dzień i słuchał różnych wykładów. Spędził całe dziesięć godzin siedząc. Ta pozycja nie jest dobra dla sportowca lub nie-sportowca. Wynika to z natury ludzkiego ciała, które nie jest przeznaczone do długiego siedzenia. Kręgosłup i narządy wewnętrzne potrzebują ruchu. Uczeń praktykuje aikido od czwartego roku życia. Jego ojciec, który był również aktywnym artystą sztuk walki, zasugerował mu zalety sztuki walki dość wcześnie. Dlatego uczeń aikido kłaniał się z szacunkiem przy wejściu do dojo i jeszcze raz, gdy zmierzał do maty. Powitał swoich towarzyszy aikido i zauważył, jak szybko zmęczenie i wyczerpanie zmniejszyło się, gdy tylko zauważył energię pomieszczenia.

Po powitaniu i krótkiej minucie, w której mistrz aikido prosi swoich uczniów, aby pomyśleli przez chwilę "nic", zaczynają od zrelaksowanego treningu rozgrzewki. Większość aikidoków ma świadomość, że trening rozgrzewkowy ma pozytywny wpływ na ich zdrowie, ale nie są zaznajomieni ze szczegółami. Z tego powodu trener aikido wyjaśnia, dlaczego regularne treningi sztuk walki są cenną inwestycją w ich zdrowie.

1. Sztuki walki są zdrowe i poprawiają nastrój

Zróbmy pompki. Są częścią szkolenia. Wzmacniają

również nie tylko mięśnie ramion, ale całe ciało. Kręgosłup, mięśnie brzucha, a także narządy wewnętrzne są wdzięczne za każde push up. Ponieważ pompki są jednymi z bardziej wymagających ćwiczeń rozgrzewkowych, będziesz równie dumny z siebie, jeśli wykonasz je podczas treningu. Inne techniki, takie jak upadek szkoły lub techniki rzucania, również poprawić nastrój wiele razy. Rozpraszają złe nastroje. Trenuję aikido ponad połowę swojego życia. Z doświadczenia wiem, jak dobrze sztuki walki pomagają przeciw złemu nastrojowi lub pesymistycznemu sposobowi myślenia. Jest to nie tylko coś, co udało mi się udowodnić sobie, ale także dzięki obserwacjom moich uczniów aikido. Sztuki walki są również Sport wytrzymałościowy, który uwalnia endorfiny.

2. Sztuki walki promują zdrowy sen

Nasza sztuka walki wymaga od ciebie ruchów, których nie wykonujesz w życiu codziennym. W treningu wykorzystujesz wszystkie swoje mięśnie poprzez rzuty, upadki, ćwiczenia siłowe i rozciągające. Twoje ciało męczy się wymagającym treningiem aikido. Co więcej, zmniejszasz stres w dojo. Rezultatem jest poprawa jakości snu.

3. Sztuki walki to idealny sposób na zmniejszenie stresu

W swoim życiu spotkałem wielu zawodników sztuk walki. Wszyscy mieli jedną wspólną cechę: byli spokojni i zrównoważeni. Stres był wyjątkiem. Dzięki ruchom, które ćwiczymy w aikido, uwalniamy nasz umysł od stresujących myśli. W ten sposób zapominamy o naszych problemach lub traktujemy je jako wyzwania, które pomagają nam się rozwijać.

4. Sztuki walki dostarczają ci nowej energii, której potrzebujesz do zdrowia

Jako długoletni aikidoka wiesz, co oznacza termin aikido. Niemniej jednak powtarzam to, ponieważ nieustanne powtarzanie naszych nabytych umiejętności i wiedzy działa jak matka mądrości. Ai oznacza harmonię, Ki energię życiową i Do dla własnej ścieżki życia. W związku z tym tłumaczenie złożone brzmi

"Ścieżka życia harmonii we współpracy z energią."
Lub
"Harmonijna ścieżka w interakcji z energią wszechświata."

Z pewnością zauważyłeś, jak często czujesz się zmęczony i wyczerpany przed rozpoczęciem treningu. Ale po treningu aikido poczujesz się znacznie lepiej. Jak sama nazwa wskazuje, aikido działa jako dostawca energii. Techniki aikido mają na celu kontrolowanie ataków przeciwników z własnej energii. Celem nie jest ich blokowanie. Powinieneś używać tej mądrości nie tylko w treningu, ale także w życiu codziennym.

5. Sztuki walki mogą obniżyć wysokie ciśnienie krwi i wysoki poziom cholesterolu

W moim szkoleniu często są obecni lekarze. Uwielbiam aikido, ponieważ w dojo nie ma znaczenia, jaki status masz w życiu. Dla mnie liczy się twoje zachowanie wobec dojo i twoich towarzyszy. Niemniej jednak zawsze lubię pytać, czym się zajmujesz. Jeden z moich studentów, który studiował medycynę, wyjaśnił mi, jak dobre aikido jest dla zdrowia. Jest to skuteczny sport wytrzymałościowy, który obniża wysokie ciśnienie krwi. Dzięki regularnemu treningowi naczynia krwionośne pozostają elastyczne. W ten sposób zmniejsza się oporność w naczyniach krwionośnych.

6. Sztuki walki zapobiegają napięciu

Ćwiczenia gimnastyczne, które wykonujemy na początku treningu rozluźniają napięcie. Większość z nas pracuje w pozycji siedzącej. Jednak odkąd się poruszasz, utrzymujesz mięśnie elastyczne. Ból pleców, ramion i szyi to dla ciebie rzadkość. Czasami też cierpię na napięciowe bóle głowy po ciężkim dniu pracy. Jednak jak tylko wykonam ćwiczenia relaksacyjne, rozluźniają się.

7. Sztuki walki wzmacniają układ odpornościowy

Aikidoka, który odwiedza dojo od kilku lat, zauważył, jak odporne są na wirusy grypy. Zimna pora roku może im niewiele zaszkodzić. Sztuki walki utwardzają nas nie tylko zewnętrznie, ale także wewnętrznie.

8. Sztuki walki pomaga walczyć i zapobiegać tłuszczowi brzusznemu

Nie tylko z aikido, ale także z innymi sztukami walki skutecznie walczysz z tłuszczem brzusznym z jednej strony, z drugiej strony zapobiegasz powstawaniu tłuszczowi brzusznemu. Tłuszcz w jamie brzusznej jest niebezpieczny i powoduje choroby wtórne. Nieatrakcyjny wygląd to najmniejszy z twoich problemów. Tłuszcz w jamie brzusznej może powodować cukrzycę, wysokie ciśnienie krwi i bezwładność fizyczną. Między innymi brzuch jest centrum twojego zdrowia. Podczas moich badań lekarz prowadzący wyznał mi, że jego oczy często najpierw lądują na brzuchu pacjentów. Silny środek ciała symbolizuje dla niego zdrowe ciało. Chociaż trenujemy podnoszenie brzucha, nie są one jedyną podstawą do silnego, beztłuszczowego brzucha. Inne ćwiczenia, takie jak pompki i jesienna szkoła, trenuj mięśnie brzucha bez zauważania.

9. Sztuki walki wzmacniają kości

Dzięki regularnym wizytom w dojo, zmuszasz swoje kości do tworzenia nowej substancji kostnej. Proces ten odgrywa ważną rolę. Od 35 roku życia gęstość kości maleje coraz bardziej. Jednocześnie wzrasta ryzyko osteoporozy.

10. Sztuki walki mogą zapobiegać cukrzycy

Jesteś tu wystarczająco długo, aby wiedzieć, jak wymagające mogą być nasze szkolenia. Podczas tych sportowych wysiłków zużywasz energię w postaci cukru. Dzięki temu procesowi poziom cukru we krwi spada. Organizm potrzebuje również mniej insuliny. W wyniku ćwiczeń glukoza jest wchłaniana we włóknach mięśniowych za pomocą ważnych białek transportowych. W ten sposób sztuki walki mogą zapobiec rozwojowi niebezpiecznej cukrzycy, zwanej również cukrzycą typu 2.

69. Pokonaj nienawiść - przeciwdziałaj samozniszczeniu

"Jeśli kochasz siebie, kochasz bliźniego. Jeśli nienawidzisz siebie, nienawidzisz swoich bliźnich. Twoje relacje z innymi są tylko odbiciem siebie." - *Osho*

Randori to nazwa poniedziałkowego treningu w dojo, gdzie praktykuje się judo. Intensywny trening walki służy nie tylko jako przygotowanie do kolejnych zawodów, ale także jako efektywny trening cardio. Judoka testuje swoje preferowane techniki rzucania w rzeczywistych warunkach. Od czasu do czasu niektórzy uczniowie zapominają, z kim mają do czynienia. Przez pewien czas tracą ideę walki z rywalem w judo, a nie z wrogiem. Tacy uczniowie są chwilowo kuszeni przez swoją nienawiść do stosowania nielegalnych metod.

W ten sposób trener obserwuje, jak judoka ściska swojego partnera treningowego. Nie może uwolnić się od uchwytu Kesa Gatame. Z tym uchwytem szarfy Uke leży na plecach. Tori jest po prawej stronie Uke. Jego nogi skierowane są w kierunku głowy Uke i są wyciągnięte. Tori chwyta prawą ręką Uke za prawy rękaw. Tym samym zaciska prawą rękę Uke pod lewą pachą. Tori chwyta Uke za głowę prawą ręką. Tymczasem jego prawa dłoń leży na matach. Lewa stopa Tori jest wyprostowana, podczas gdy prawa noga jest lekko zgięta. Tori pochyla głowę lekko w dół, aby uchronić się przed ewentualnym atakiem nogi przez Uke.

W tej walce Uke nie odnosiło sukcesów w technice wyzwalania. Dlatego niespodziewanie ściska Tori w wewnętrzne udo. Wie, jakie to bolesne uczucie. Tori automatycznie poluzuje uchwyt i Uke uwalnia się. Ale

Tori jest zirytowany tym działaniem.

Trener judo obserwuje scenę i udaje się do nich, aby poinformować ich o wadach niepokojącego uczucia nienawiści i Sprawiedliwości.

"Oboje wiecie, że takie metody nie są dozwolone w judo. Nienawiść to nazwa niepokojącego uczucia, które skłoniło cię jako Uke do podjęcia tego działania. W buddyzmie niepokojące uczucia nazywane są uczuciami, które kontrolują nas przez krótki czas. Ale powinno być odwrotnie. Zwykle uczucie odrzucenia wynika z uczucia nienawiści. Wyrażają siebie w wewnętrznym niepokoju.

Nienawiść odbiera ci energię, skupienie i wewnętrzny spokój. Wszystko, czego uczysz się w judo; tracisz moment, w którym nienawiść przejmuje kontrolę. Nienawiść nie trwa długo. Jednak, kiedy to przychodzi do ciebie, powinieneś wycofać się na zasadzie, którą ci polecam. Nazywa się to unikaniem. Motto brzmi: zwróć uwagę. Bądź świadomy tego następnego Randori "przegrywam i dlatego czuję nienawiść do mojego rywala."

Robisz bardzo ważny krok. Akceptujesz niepokojące uczucie i budzisz swojego wewnętrznego obserwatora. Pomoże ci to nie podejmować kroków, których będziesz żałować. Emocje znajdują odzwierciedlenie w działaniach naszego ciała. Twoje serce bije szybciej w tej sytuacji. Weź tę wskazówkę świadomie, aby nie pozwolić, aby przeszkadzające uczucie dominowało nad tobą. Następnym razem, zanim pozwolisz się prowadzić nienawiści, pozwól sobie na pokusę, by podjąć pochopne działania, zadaj sobie pytanie, skąd dokładnie biorą się uczucia nienawiści. Przez większość czasu mdleje. Nie jesteś w stanie dostać się na swój sposób od razu, więc reagujesz nienawistnie. Bezradność przeradza się również w nienawiść. Jednak ani w judo, ani w codziennych zmaganiach nie można pokonać przeciwnika, jeśli nienawidzisz.

W końcu nienawiść odzwierciedla twoje uczucia wobec siebie. A jednak zapominacie, jak bardzo to uczucie zżera was i pochłania od wewnątrz. Odbiera ci wewnętrzny spokój. Tracisz siłę i w najgorszym przypadku możesz zachorować. Łódź, która jest na wodzie, nie tonie. Tylko łodzie, które pozwalają wodzie przeniknąć do wnętrza toną. To samo dotyczy niepokojących uczuć, które biorą cię w posiadanie. Zrobiłeś dobry krok, kiedy zdecydowałeś się regularnie ćwiczyć sztuki walki. Judo pomaga odnaleźć wewnętrzny spokój i wewnętrzną osobowość. Twoja wewnętrzna siła wspiera cię, abyś pamiętał o swoich uczuciach. Masz moc, aby zapobiec zniszczeniu przeszkadzających uczuć, takich jak nienawiść. Niszczą tylko ciebie, a nie twojego rywala.

70. Niszczenie urazy - pielęgnowanie podziwu

"Kto jest szczęśliwy, nie zna zawiści. Ten, kto jest w domu w sobie, jest daleki od zazdrości. Ten, kto jest w pokoju z samym sobą, nie ma czasu na kłótnie."- Hans Kruppa

Niechęć jest jedną z autodestrukcyjnych emocji. Szkodzi zarówno ciału, jak i umysłowi. Co więcej, odzwierciedla brzydki sposób myślenia wobec bliźnich. Ludzie, którzy mają pewną urazę do innych, nie tylko odrzucają swój sukces, ale nie pozwalają im na te korzyści. Ostatecznie zawiść stanowi początek tej brzydkiej emocji. Leży głęboko w każdym człowieku. Jednak sporej większości ludzi udaje się z nią walczyć.

Niemniej jednak trener judo słucha rozmowy, którą prowadzą jego uczniowie przed rozpoczęciem treningu. Słyszy, jak judoka ma pretensje do swojego towarzysza o nową maturę. Uważa, że ma do tego prawo. Demonstruje swoją niechęć nie gratulując koledze z Judo zdania egzaminu. Dlatego trener wygłasza interesującą mowę o zazdrości.

"Zazdrość jest w każdym z nas. Jednak mamy prawo decydować, czy go nakarmimy, czy zniszczymy. Jeśli jesteś zazdrosny o swoich towarzyszy w dojo, nie tylko skrzywdzisz siebie, ale będziesz w niepotrzebnym konflikcie z kolegami. W ten sposób zyskujesz szansę na zdobycie cennego doświadczenia. Uraza zżera cię od wewnątrz. Ponadto w ten sposób uzyskasz solidną podstawę do rozwoju chorób. Ponadto zazdrość powoduje kołatanie serca, problemy ze snem i bóle brzucha. Prowadzi to do dalszych, poważnych problemów zdrowotnych. Dlatego jako wojownicy powinieneś zniszczyć zazdrość. To ma miejsce w tobie. Odbiera ci wewnętrzny spokój.

Ale dobra wiadomość jest taka, że każdy ma moc przezwyciężenia swojej niechęci do bliźnich. Podziw to nazwa odwrotnego zachowania. W końcu jesteś zazdrosny o tych, których uważasz za lepszych od ciebie. Jest wiele pracy za wyższą rangą twojego towarzysza. Trenował w sposób zdyscyplinowany, nawet jeśli nie zawsze był zmotywowany. Dlatego powinieneś uważać tego judokę za inspirację i trenować z nim, aby się rozwijać. Zamiast zazdrościć, powinieneś ożywić swoją wdzięczność.

Jest prawie niemożliwe być jednocześnie wdzięcznym i zazdrosnym. Bądź wdzięczny za istnienie swojego klubu judo i kolegów z klubu. Aby raz na zawsze pokonać zazdrość, powinieneś skupić się na swoich mocnych stronach. Dotyczy to nie tylko treningu judo, ale także twojego codziennego życia. Jeśli złapiesz się na zazdrosnych myślach, zamień je w podziw. Uratujesz swoje zdrowie. Wiele się też uczysz i rozwijasz dalej. Niechęć pozbawia cię dużej części energii życiowej. Jeśli jesteś zazdrosny o kolegę z klasy, robisz sobie wielką przysługę, inwestując swój czas w naukę. Jeśli jesteś zazdrosny o kolegę, ponieważ jest on szanowany przez innych pracowników, robisz sobie wielką przysługę, pracując nad swoją pracą z entuzjazmem. Jeśli nie jesteś zadowolony ze swojego sąsiada i jego ogrodu, robisz sobie niezastąpioną przysługę, zamieniając swoją zieloną przestrzeń w niezwykłą oazę dobrego samopoczucia.

Niechęć zajmie cenny czas. Zazdrość okrada cię z twoich pozytywnych cech. Zazdrość odbiera ci radość. Zazdrość odbiera ci uśmiech. Zazdrość kradnie Twoją uprzejmość. Zazdrość zakłóca twoje postępy. Zazdrość zżera cię od wewnątrz, a rdza żelaznego pręta stopniowo cię niszczy. Z zazdrością można jednak walczyć. Każdy, kto odczuwa tę emocję, powinien ją najpierw zaakceptować, aby pracować nad jej zniszczeniem.

Następnym razem, gdy poczujesz autodestrukcyjną urazę w sobie, wykonaj rolkę do przodu 50 razy i pozostań na matach. Zostań na podłodze przez pięć oddechów. Ponieważ to ćwiczenie pozwala poczuć się na własnym ciele, gdzie prowadzi cię niechęć - w otchłań. Kiedy przejmie cię w posiadanie, zostań tam. Dlatego po rzucie do przodu należy wykonać 50 pompek. Przygotowują cię do powstania z upadku. Potem wspiąć się na linę.

Celowo zdecydowałem się połączyć te trzy ćwiczenia, ponieważ wymagają one pełnej uwagi i wysiłku fizycznego. Kiedy je robisz, nie ma czasu, aby tracić czas na nieprzyjemne myśli. Zamiast tego wzmacniasz swoje ciało i umysł. Warto walczyć z niechęcią."

71. Pokonaj zazdrość-rozwijaj wewnętrzną siłę

"Nienawiść jest okropną wadą, zazdrość jest jałową wadą." - Marie von Ebner-Eschenbach

Karatecy używają sztuki walki, aby stworzyć najlepszą możliwą wersję siebie. Ważnym elementem treningu jest wzmocnienie organizmu. Wzmacniają również swoje wewnętrzne ja. W dojo walczą z negatywnymi emocjami, które tkwią w każdym człowieku. W ten sposób z czasem karateka wygrywa walkę z niepokojącym uczuciem zwanym zazdrością. Ta autodestrukcyjna emocja jest zakotwiczona w człowieku. Jednak ci, którym udaje się pokonać uczucie zazdrości, korzystają z wewnętrznego spokoju.

Trener karate pracuje z różnymi ludźmi od ponad trzech dekad. W krótkim czasie analizuje ich zachowanie i intencje. Zazdrość mu nie umknie. Uwagi, specjalne mimiki twarzy, czy podbródek skierowany ku ziemi stanowią pewny dowód na istnienie tej irytującej emocji. Zazdrosny, jeden z jego uczniów karate obserwuje towarzysza podczas ćwiczenia balansowania. Komentuje to niepotrzebną uwagą. To werbalnie odzwierciedla jego zazdrość. Ponieważ mistrz karate przyjmuje również rolę nauczyciela, reaguje na złe zachowanie swojego ucznia. Dlatego zapytał karatekę.

"Czy wiesz, dlaczego zazdrość jest sterylnym występkiem? Ponieważ ta emocja utrudnia wam rozwój. To zakłóca twój wewnętrzny spokój. Ludzie zazdroszczą swoim bliźnim tylko wtedy, gdy czują, że osiągnęli więcej w życiu. Chociaż to niepokojące uczucie nie pochłania cię tak bardzo, jak nienawiść.

Niemniej jednak, potrzeba od ciebie energii, aby pracować nad sobą. Zamiast patrzeć na swojego towarzysza z zazdrością, powinieneś pracować nad rozciąganiem w każdej sesji treningowej-razem z nim. W zależności od tego, jak często i jak intensywnie ćwiczysz, pewnego dnia wykonasz balansujący akt. Lepiej inwestować w minuty praktyki, zamiast inwestować w minuty zazdrości.

Karate działa jako stała motywacja do celów sportowych, prywatnych i zawodowych. W przeszłości zazdrościłem karatekom, którzy potrafili zrobić idealne Mawashi-Geri. W pewnym momencie towarzysz pomógł mi poprawić technikę kopania, regularnie trenując ze mną zgięcia kolan i ćwiczenia rozciągające. Trzymał też pazur, o który kopałem. W tym momencie zdałem sobie sprawę, dlaczego zazdrość jest sterylnym występkiem. Poczucie niepokoju utrudnia nam nie tylko w karate, ale także w życiu dalszy rozwój.

Trening karate pomógł mi pokonać zazdrość. Zamiast tego zbudowałem swoją wewnętrzną siłę. Jeśli zawiść opanuje cię tutaj na treningu, z pewnością przytrafi ci się na studiach. Może jesteś zazdrosny o osiągnięcia kolegi ze studiów? Zapewniam cię, że niepotrzebnie marnujesz swój czas. Osiągasz dobre wyniki, poświęcając swoją energię na aktywne zdobywanie wiedzy. Rozumiesz, co mam na myśli? Zazdrość wynika z subiektywnego odczucia, że druga osoba jest lepsza. Jako karateka masz niezbędne narzędzia, aby zniszczyć zazdrość. Po pierwsze, masz możliwość kopnięcia worka bokserskiego, gdy niepokojące uczucie kontroluje cię. Z drugiej strony masz wybór, aby zaakceptować zazdrość i przekształcić ją w motywację. Możesz użyć osoby, którą uważasz za lepszą od siebie, jako inspiracji. Zapewniam cię, że będziesz się dalej rozwijać z tym poglądem. Doświadczysz także wewnętrznego spokoju, którego nikt nie może ci odebrać. To samo dotyczy nie tylko twoich kolegów na uniwersytecie, ale także piekarza, który patrzy na swojego konkurenta z zazdrością. Opłaca się wszystkim zaangażowanym używać tego jako motywacji.

W wolnej gospodarce firmy nie pozwalają zawiść zatrzymać ich rozwoju. Zamiast tego dostosowują swoje produkty i usługi do potrzeb swoich klientów. Wykorzystują innych jako zachętę do stawania się lepszym. Jako karateka powinieneś więc zawsze uważać, aby pozbyć się uczucia zazdrości ze swojego wewnętrznego ja."

72. Pozbądź się gniewu - zwiększ wydajność

"Najlepszy wojownik nigdy nie jest zły." - *Lao Tse*

Dziś odbędą się kwalifikacje do zbliżających się mistrzostw taekwondo. Podczas tych walk różne emocje płyną przez ciała taekwondoki jak szalejący ogień. Podniecenie, strach i radość sprawiają, że nogi trzęsą się przez krótki czas. Długoletni trenerzy są świadomi tej zmiany emocji. Z tego powodu przyjmują rolę mentalnego wsparcia podczas zawodów. Oczywiście analizują również słabe strony swoich uczniów. Udzielają im konstruktywnej informacji zwrotnej. Ponadto trener przypomina swoim uczniom, aby ponieśli zarówno zwycięstwo, jak i porażkę w równym i skromnym stopniu. Nie powinni reagować ani arogancko, ani przygnębiająco. Dobrzy zwycięzcy to także dobrzy przegrani.

Są jednak uczniowie, którzy od czasu do czasu pozwalali, aby gniew zdominował ich pojedynki. W ten sposób nie wygrywają ani jednego pojedynku. Dlatego mistrz taekwondo uważnie obserwuje swoich uczniów. Dla jednego z nich kwalifikacje cały czas idą dobrze. Walczy o pierwsze miejsce. Ponieważ taekwondoka dotarł tak daleko, jego nauczyciel nie daje mu żadnych dalszych rad. W końcu nauczyciele i profesorowie praktykują to samo w ciszy, gdy ich uczniowie i studenci przystępują do egzaminów.

Na początku finał biegnie na korzyść swojego ucznia. On prowadzi, zwycięstwo jest blisko. Jednak w ostatniej chwili, na krótko przed końcem walki, jego taekwondoka demonstruje Twio Ap-Chagi. To skok do przodu. Taekwondoka praktykuje tę technikę nóg od kilku lat. Kopnięcie wymaga skoków i siły mięśni. Rozciąganie i dyscyplina również odgrywają istotną rolę w doskonaleniu tego przedniego kopnięcia.

Niestety, w ostatnich sekundach walki taekwondoka pozwala się kierować niepokojącym uczuciem zwanym gniewem. Rywal rozpoznaje intencję nie tylko po wyrazie twarzy, ale także dzięki wysiłkowi przeciwnika. W ten sposób działa powoli, jego gniew spowalnia go. Tak spokojnie przeciwnik unika, a potencjalny zwycięzca kopie w powietrze, dlatego ląduje bezpośrednio na ziemi. Wyłania się z walki jako przegrany.

Jest jednak zadowolony z drugiego miejsca w swojej kategorii wagowej. W końcu jednak trener sugeruje mu mądre słowa Lao Tse. Wojownik, który nie jest zły, zawsze wygrywa.

"Gniew jest przeszkadzającą emocją. Gniew reprezentuje negatywną emocję, jest krótkotrwały, ale ilość energii, z której cię okrada, jest ogromna." Gniew wyczerpuje cię. Jeśli użyłbyś tej energii, która przepływa przez ciebie w czasie gniewu, do intensywnego treningu nóg, mógłbyś cieszyć się sukcesem na wiele sposobów. Z jednej strony opuszczasz w międzyczasie swoją strefę komfortu, z drugiej wzmacniasz swoje ciało i umysł dzięki intensywnemu treningowi nóg. Walcz z gniewem w sobie. Dlatego podczas kolejnej sesji treningowej będziesz ćwiczyć Twio Ap-Chagi 50 razy."

"Nie mogę tego zrobić. To za dużo."

"Kiedy twoje ciało lub umysł powie ci, że osiągnąłeś swój osobisty limit, wykorzystałeś tylko 40 procent swojego potencjału. Oczywiście, możesz zrobić Twio Ap-Chagi 50 razy. Ten intensywny trening front-kick pomaga stopniowo zrzucić gniew. Tymczasem zwiększasz swoją wydajność. W ten sposób osiągniesz pierwsze miejsce w następnym turnieju. Ale o wiele ważniejsze niż ranking i zwycięstwo nad innymi, jest twoje zwycięstwo nad gniewem, który jest nieodłączny w każdej ludzkiej istocie. Przenieś walkę z gniewem na swoje życie prywatne i zawodowe. Pracujesz jako odnoszący sukcesy gastronom. Od lat skutecznie bronisz się przed konkurencją. Twoje kulinarne przysmaki są dobrze odbierane przez twoich gości. Nawet jeśli jeden lub drugi odwiedzający skarży się na błahostki, nie pozwalasz się kierować wewnętrzną wściekłością w tym względzie. Zamiast tego, starasz się jeszcze bardziej. Inwestujesz swoją energię w swoją pracę. Ponieważ jesteś skromny w swoim zawodzie, jesteś najlepszym zawodnikiem w konkursie na najpopularniejszą restaurację w mieście. Instynktownie masz to, czego cię uczę w taekwondo, doskonale zrealizowane w realizacji twojej aktywności zawodowej. Zrób to samo w następnym konkursie. Uwolnij się od gniewu. Wtedy możesz cieszyć się życiem w towarzystwie wewnętrznego spokoju. Chociaż gniew trwa przez krótki czas, niepotrzebnie przyspiesza bicie serca i tworzy negatywne myśli. Walcz z tym. 50 Twio Ap-Chagi w następnej sesji treningowej pomoże."

73. Pokonaj siebie

"Człowiek rodzi się, aby czynić wielkie rzeczy, jeśli wie, jak pokonać samego siebie." - *Bruce Lee*

Z dwoma pytaniami retorycznymi mistrz karate rozpoczyna trening.

"Kto jest twoim nauczycielem? - Twój przeciwnik.

Kto jest twoim wrogiem? - Twoje ego."

Aby udowodnić swoim uczniom, dlaczego zawsze opłaca się pokonać swoje ego, zaprosił nauczyciela jogi do dojo. Regularnie mistrz powtarza zdanie, że ludzkie ciało jest leniwe. Istnieją jednak różne metody leczenia z przewlekłego "lenistwa". Wszakże wszędzie dominuje powiedzenie, że lenistwo jest gorsze niż jakakolwiek choroba. Mistrz karate regularnie integrował asany z jogi w trening rozgrzewkowy. W końcu joga należy do sztuk walki duszy. Ta sztuka walki pokonuje w delikatny sposób najsilniejszego przeciwnika, z którym każdy człowiek spotyka się regularnie przez całe życie-jego ego. Ponadto ten specjalny trening z doświadczonym joginem służy zademonstrowaniu związków między jogą a sztukami walki.

Oba sporty reprezentują tezę, że ciało i umysł są nierozerwalnie połączone. Zarówno karate, jak i joga wzmacniają narządy wewnętrzne i wzmacniają mięśnie. Dlatego trening zaczyna się od powitania słońca. Oddychanie odgrywa tu ważną rolę. W ten sposób sportowcy dostarczają swoim mięśniom tlen. Aby związek między ich sztuką walki i jogą był jasny dla uczniów karate, nauczyciel jogi przechodzi na pierwszą pozycję wojownika.

Na prośbę nauczyciela utrzymują tę pozycję przez

chwilę dłużej. W ten sposób czują wzmocnienie mięśni ud. W ten sposób wzmacniają swoją koncentrację. Po tej pozycji następuje płynna zmiana na warrior two. Tutaj uczniowie stoją prosto. Trzymają również wyprostowane plecy. Wyprostowana postawa daje uczestnikom poczucie siły. Jeśli uczniowie ćwiczą tę postawę, mówią mentalnie "Ha!" W ten sposób odnajdują i wzmacniają swoją wewnętrzną osobowość. "Ha" jest dla wyimaginowanego wroga lub osobistego wyzwania. Analogicznie do wojownika numer jeden, ten drugi wzmacnia również ciało i umysł.

W karate, z drugiej strony, zawodnicy krzyczą "Kiai" głośno, gdy wykonują cios. Okrzyk bojowy wzmacnia uderzenie. Od urodzenia każdy człowiek posiada w sobie zdolności bojowe. Wojownik numer dwa wzmacnia nogi. Wojownik numer trzy wzmacnia nie tylko mięśnie nóg, ale także mięśnie brzucha. Silny ośrodek reprezentuje silne ciało i niezłomnego ducha. Aby ten ostatni pozostał niezwyciężony, potrzebuje jednak regularnych okresów odpoczynku. Dlatego nauczyciel jogi prosi karateki o zmianę pozycji śpiącego dziecka. Jogin zapisuje najlepsze asany na koniec treningu. Na koniec jogi chce pokazać wojownikom podobieństwa między tymi dwoma sportami.

Z tego powodu demonstruje pozycję kruka pod koniec treningu. Stanowisko to pełnią tylko osoby, które na przestrzeni kilku lat wzmacniają swoje ciało i umysł w równym stopniu. Do tego potrzebują nie tylko silnych nadgarstków, ale także dobrego napięcia ciała i dobrego poczucia równowagi. Tylko mistrz karate, który również praktykuje jogę, nadąża za tym ćwiczeniem. Sztuką jest podnoszenie całego ciała z ziemi, zwłaszcza, że maksymalna kontrola ciała jest konieczna, aby konkurować z grawitacją. Po wronie jogin bez wysiłku przesuwa się do pozycji wagi.

Obecni mogą tylko podziwiać zdolności jogina, ale nie mogą się przyłączyć. Udowodnił im, że joga jest sztuką walki, która ma na celu pokonanie największego przeciwnika, ego. Na koniec treningu mistrz karate wyjaśnia procedurę.

"Świadomie wybraliśmy te asany. Najlepiej ilustrują związek między sztuką walki i jogą. Co więcej, oba sporty uwzględniają ciało i umysł. Podczas treningu jogi osoby z zewnątrz doświadczają mistrzostwa ciała i czują mistrzostwo umysłu. Zarówno joga, jak i karate pomagają praktykującemu dojść do stanu samoświadomości. Dla wewnętrznego pokoju proces ten odgrywa główną rolę. Wszakże spora większość ludzi odpływa ze swoimi myślami, kilkanaście razy na dzień, w przyszłość lub przeszłość. Nie tylko studenci sztuk walki, ale także jogini kroczą przez życie pionowo i dumnie. Odzwierciedlają one ich wewnętrzny Stosunek do zewnątrz.

Wiele osób rozpoczyna trening jogi, aby uciec od stanu letargu, lenistwa lub depresji. Dzięki konsekwentnej praktyce osiągają stan psychiczny, który rozpuszcza ich wewnętrzny niepokój. W ten sposób osoby dotknięte koncentrują się na teraźniejszości. Ponadto mięśnie korzystają z tej dyscypliny fizycznej i psychicznej. Dyscypliny sztuk walki osiągają ten sam efekt. Walki w karate lub Randori w judo wprowadzają trenującego zarówno fizycznie, jak i psychicznie w teraźniejszość. Po pewnym czasie ta postawa przechodzi do szpiku kostnego.

Jeśli jednak lenistwo dociera do ciebie od czasu do

czasu, poświęć chwilę i pomyśl o tym, co dzieje się z twoim umysłem, duchem i ciałem, gdy zaniedbujesz trening. W końcu wszystkie sztuki walki są stałymi sekwencjami ruchów. Zawsze walczysz z wymyślonym przeciwnikiem. Ten przeciwnik jest zwykle w tobie i często wyraża się w postaci strachu, zazdrości, nienawiści, zawiści, zawiści i wściekłości. Wykorzystaj zalety treningu sztuk walki. Działa jako doskonałość twojego ciała i umysłu.

74. Wkrocz do akcji

"Jeśli oczywiście nie możesz osiągnąć swoich celów, nadszedł czas, aby dostosować kroki działania." - Konfucjusz.

"Czy wiesz, dlaczego tak bardzo doceniam trening hapkido? - To zmusza mnie do działania. Zawsze było dla mnie jasne, że nigdy nie osiągnę poziomu mistrzowskiego, jeśli siedzę bezczynnie i zaniedbuję aspekt działania. Nie mógłbym dziś robić press-upów, ani wielu technik, które trenujemy w hapkido, gdybym nie zastosował terminu działanie w praktyce. Jako początkujący nie mogłem w żaden sposób nadążyć za moim trenerem w pompkach lub ćwiczeniach rozciągających. Ale był świetnym motywatorem. Jego rada była prosta: zacznij od pompki. Zacznij od prostego ćwiczenia rozciągającego i zwiększ swój indywidualny próg bólu przy każdej sesji treningowej. Trenuj również techniki oddychania. Następnie kontynuuj szkołę jesienną. Są podstawą zdyscyplinowanego, ambitnego hapkidoina. Ta sama rada została mi udzielona przez mojego trenera w odniesieniu do technik pięści. To było proste: zacznij od jednego ciosu pięścią i dodaj wiele innych ciosów. To samo dotyczy kopnięć. Zrobiłem to samo z technikami dźwigni. Zacząłem od dźwigni. Ćwiczyłem każdą dźwignię co najmniej 100 razy, zanim dodałem nową technikę dźwigni. W międzyczasie wykonałem tysiące powtórzeń. Ale to był klucz do sukcesu. Nigdy nie straciłem z oczu mojego celu, jakim było zostać mistrzem hapkido. Zamiast tego dostosowałem moje kroki działania do mojego projektu.

Mój regularny trening hapkido i techniki z nim związane nauczyły mnie, że działania są ważniejsze niż puste słowa. W końcu prowadzą nas do celu. Co więcej, w hapkido, jak w każdej sztuce walki, ciało i umysł pracują razem. Po pewnym czasie zinternalizowałem to podejście również podczas realizacji moich dalszych celów. Do pisania mojej książki zacząłem pewnego dnia od pierwszej strony. Po roku było to 360 stron. Zasadę tę wykorzystałem również do swoich obliczeń finansowych.

Jeśli chciałem poszerzyć swoją wiedzę w określonej dziedzinie, zacząłem od przewodnika dla początkujących, dopóki nie przebrnąłem przez te zaawansowane. Chciałem też mówić w kilku językach. Podobnie postępowałem z tym tematem. Każda akcja zawsze zaczyna się od pierwszego kroku. Podczas nauki języków obcych lekcje zawsze zaczynają się od przedstawienia się. Następnie dodawane są kolejne terminy, dopóki nie rozwinie się odpowiednie słownictwo, którego używam podczas wizyty w danym kraju.

Zasada jest prosta: zacznij już dziś i powtórz ćwiczenie jutro. Musisz tylko zacząć, nawet jeśli nie jesteś zmotywowany. Zwykle motywacja przychodzi dopiero po niewielkim postępie. Nauczyłem się tego na treningu. Po opanowaniu do pewnego stopnia szkolenia upadania byłem w stanie wykonywać techniki rzucania. Po tym, jak wystarczająco długo ćwiczyłem kopnięcia, techniki uderzeń i ciosy pięściami, byłem w stanie opanować test łamania. Kiedy wzmocniłem swoją siłę fizyczną i psychiczną, byłem w stanie użyć skutecznych technik dźwigni. Na początku nie byłem w stanie tego wszystkiego zrobić, ale nie straciłem z oczu mojego celu. Zamiast tego dostosowałem swoje kroki działania, aby osiągnąć ten cel. Początek i pierwsze powtórzenia stawiały mi wyzwanie, by się nie poddawać.

75. Powtarzanie jest źródłem wszystkich umiejętności

"W nauczaniu powtarzanie jest najważniejsze, to wszystko. Zachowujesz tylko to, co powtarzasz." - Jean Joseph Jacotot

"Istnieje znane przysłowie:

Umiejętność przychodzi z praktyką."

W karate, jak również w innych sztukach walki jest to prawdą. Mistrzowie sztuk walki otrzymują ten tytuł tylko poprzez ciągłe powtarzanie sekwencji ruchów. Po pewnym czasie techniki, rzuty, kopnięcia i ciosy zamieniają się w refleks. Regularne ćwiczenia powtarzające tworzą sieci neuronowe. Na początku wykonałeś uderzenie krawędzi ręki nieśmiało, bezsilnie i niestabilnie. Tylko stopniowo ta niepewność przerodziła się w silny cios. W międzyczasie wykonujesz to odruchowo. W ten sposób rozszerzacie swoje zdolności umysłowe na dalsze poziomy percepcji. Proces ten najlepiej porównać do jazdy na rowerze.

Na początku miałeś trudności z utrzymaniem równowagi. Po intensywnych ćwiczeniach udało ci się jednak jeździć na rowerze automatycznie. Z każdą sesją treningową poprawiłeś swoje umiejętności motoryczne i zwiększyłeś szybkość. To samo dzieje się w treningu karate z krawędzią ręki, kopnięciami pięściami i technikami kopania. W sztukach walki regularne powtarzanie ćwiczeń jest podstawą twoich umiejętności. Z tego powodu pokażę ci inną technikę tylko po tym, jak powtórzysz poprzednią wystarczająco często. Powinieneś mieć poczucie, że naprawdę opanujesz technikę wykrawania, zanim nauczysz się kolejnego uderzenia. Jednak staniesz się mistrzem tylko wtedy, gdy regularnie powtarzasz techniki dla początkujących. Jest to również zasadnicza różnica między początkującym a mistrzem. Ten ostatni po prostu nigdy się nie poddał.

Nie tylko w szkoleniu, ale także w karierze edukacyjnej i zawodowej, skorzystasz z ciągłego powtarzania. To nie tylko konsoliduje twoją wiedzę, ale także rozszerza twój poziom percepcji. Pierwszoklasiści uczą się liter poprzez ciągłe powtarzanie. W swojej dalszej karierze szkolnej zajmują się innymi przedmiotami, takimi jak matematyka, ćwicząc i powtarzając treści nauczania.

To samo dotyczy cukiernika. Piecze tylko doskonałe makaroniki, które nie są ani twarde, ani nieskuteczne, jeśli powtarzał proces pieczenia wystarczająco często. Nawet doświadczony mistrz makaronu był kiedyś początkującym. Jego pierwsze ciastka były płynne. Następne nie otrzymały charakterystycznych stóp. Przy trzeciej próbie znów były zbyt płaskie. Czwarta próba również nie powiodła się, ponieważ zostawił delikatne ciastka w piekarniku zbyt długo. W związku z tym zmienili swój kolor. Piąta próba pieczenia nadal nie przyniosła pożądanego efektu. Makaroniki były zbyt miękkie, ponieważ nadzienie było zbyt płynne. Przy szóstej próbie utknęły jednak na blasze do pieczenia, ponieważ początkujący mistrz nie pozwolił im wystarczająco długo ostygnąć.

W końcu mistrz zrobił idealne makaroniki z małymi stopkami. Nie były ani zbyt płaskie, ani zbyt wysokie. Co więcej, w ogóle nie przyklejały się do papieru do pieczenia. Zamiast tego smakowały bajecznie i wyglądały atrakcyjnie. Ale te idealne małe ciastka, którymi cieszą się osoby ze słodyczami, zawdzięczają swoje istnienie ambitnym powtórzeniom mistrza makaronu. Ta sama zasada dominuje we wszystkich sztukach walki. Różnica między mistrzami sztuk walki, którzy dobrze wykonują techniki, a tymi, którzy nadal nie są pewni ich wykonania, polega na liczbie powtórzeń, które wykonali. Jedną z zasad, których przestrzegasz, aby zostać mistrzem, jest cierpliwe i ambitne powtarzanie technik.

76. Użyj porażki jako inspiracji

"Człowiek niewiele uczy się ze swoich zwycięstw, ale wiele ze swoich porażek." - *Z Japonii*

Porażki, upadki i niepowodzenia projektu są pouczającymi inspiracjami. Nawet jeśli na pierwszy rzut oka może to brzmieć trochę paradoksalnie, intensywne badanie tego tematu wyjaśnia zalety porażki. Nieudani ludzie mają dwa sposoby radzenia sobie z porażką.

Albo obwiniają zewnętrzne okoliczności za swoją porażkę, albo uważają się za porażkę. Porażka daje dobrą szansę na rozwój osobisty. Z tego powodu podczas turnieju judo trener judo zajmuje się głównie swoimi uczniami, którzy przegrali walkę na mistrzostwach. Ogólnie rzecz biorąc, zwycięzcy otrzymują mniej uwagi. Często otrzymują krótką informację zwrotną od swojego trenera z pochwałą.

Doświadczony nauczyciel judo intensywnie odmawia nazywania swoich uczniów, którzy nie wygrali walki przegranymi. Według niego tylko ludzie, którzy nie kontynuowali, powinni nazywać siebie przegranymi. Zmotywował swoich uczniów, by się nie poddawali. Tymczasem wybór słów przejmuje kluczową funkcję. Jeden z jego uczniów judo, noszący zielony pas, przegrał z Ippon z judoką, który z dumą nosił żółty pas. Jego rozczarowanie tą porażką było wypisane na jego twarzy.

"Jesteś zdenerwowany, ponieważ prawdopodobnie nie ma tego samego doświadczenia co ty i nadal okazał się zwycięzcą."

"Irytacja nie wystarcza. Czuję się jak porażka."

"Tak, to jest to, co wielu ludzi myśli, jeśli nie osiągnąć swój cel od razu. Albo myślą, że są nieudacznikami, albo obwiniają swoich bliźnich. W ten sposób skutecznie odpychają ból. Porażki dają wspaniałe możliwości poprawy. Z tej walki dowiesz się więcej. Gdybyś ją wygrał, jedyną motywacją byłaby obrona tytułu w kolejnych zawodach. Ale teraz jesteś zmuszony dołączyć do mnie w obszernej analizie twojej porażki. Istnieje kilka powodów, dla których nie wygrałeś tej walki. Suma tych powodów dała ci porażkę. Po pierwsze, popełniłeś zasadniczy błąd w ocenie swojego partnera. Patrzyłeś tylko na jego zakończenie. Myślałeś, że wygrasz walkę.

Nie przyszło ci do głowy, że twój rywal będzie zachęcany do lepszych wyników ze względu na wyższą ocenę Kyu. Źle to oceniając, źle zaplanowałeś walkę. Ani twoja postawa, ani twoje chwyty nie były stanowcze i zdecydowane. Zamiast tego puściłeś. Co więcej, byłeś nieuważny. Dlatego nie zwróciłeś uwagi na równowagę. W judo jednak celem jest wytrącenie partnera z równowagi. Zaniedbałeś swój punkt widzenia. Dlatego twój rywal miał łatwiej. Posiada również profesjonalną wiedzę judoka.

Dobry wojownik potrzebuje pięciu technik, które doskonale opanuje. Dlatego gradacja odgrywa niewielką rolę. Jeśli nosiciel żółtego pasa ćwiczył swoje O-Goshi 1000 razy, jest prawdopodobnie lepszy od nosiciela zielonego pasa, który wykonał tylko 1000 rzutów dziesięć razy. W związku z tym powinniśmy udoskonalić wasze poglądy moralne. Jako nauczyciel judo, moim obowiązkiem jest nauczyć cię aspektu "skromności", abyś nie poniżył swoich towarzyszy w żaden sposób, nawet w myślach.

Innym powodem wielu porażek jest nieznajomość wyniku walki. Ty natomiast z pewnością zwyciężysz w mistrzostwach. To właśnie ten sposób myślenia kosztował cię zwycięstwo. Twój stosunek do konkurencji również pozostawia wiele do życzenia. W końcu wierzysz, że początkujący są wśród przegranych. Niestety, nie myślałeś wystarczająco długo o swoich uprzedzeniach. Podałem ci osiem powodów, dla których zawiodłeś. Nie mogę dać twoim towarzyszom, którzy wygrali w swojej klasie wagowej tak wielu sugestii dotyczących poprawy. W końcu byli zwycięzcami swoich walk. Wszystko, co mogę im powiedzieć, to: Kontynuuj dobrą pracę! Nie biorą tyle ze swoich zwycięstw, co ty z twojej porażki. Nauczyłeś się z tej walki, że możesz wykorzystać porażkę jako inspirację dla swojego przyszłego sukcesu.

Poczucie sukcesu opiera się albo na porażce, albo na doświadczeniu. To samo dotyczy ciebie w twoim życiu osobistym i zawodowym. Tam uważasz swoje niepowodzenia za czynnik zewnętrzny. Nie możesz znaleźć odpowiedniego partnera, nadal nie masz odpowiedniej pracy, straciłeś ostatnią pracę z powodu zwolnienia i 100 innych rzeczy nie działa tak, jak chcesz.

Oblałem kilka egzaminów jako student i czułem się jak porażka w tym czasie. Dopóki czegoś się nie nauczyłem z walk w dojo. Porażki nauczyły mnie, gdzie jest miejsce na poprawę. Aby zdać pozostałe egzaminy śpiewająco, zawsze liczyłem na niepewny koniec. Nie mogłem sobie wyobrazić dokładnych pytań ani powiedzieć, czy zdam egzamin. Nauczyłem się zdobywać profesjonalną wiedzę. W żadnym wypadku nie polegałem na zapamiętywaniu. Zamiast tego skupiłem się również na zrozumieniu treści nauki. Kładę również nacisk na koncentrację. Miałem godzinę na egzamin. Dlatego nie dałem się rozproszyć pesymistycznej myśli " co się stanie, jeśli zawiodę?

Nauczyłem się też lepiej planować, aby uniknąć porażki. Ćwiczyłem pisanie możliwych odpowiedzi ze stoperem. Wreszcie, nie powinienem oblewać ponownie z powodu złego zarządzania czasem. Ponadto oparłem się na moich wartościach moralnych bez kopiowania czegokolwiek od sąsiada czy zapisywania lekcji na dłoni. W tym momencie zdałem sobie sprawę, jak daleko zaprowadziła mnie moja porażka. Nie tylko w judo, ale także w życiu zawodowym, znacznie rozwinąłem się dzięki mojej taktyce regeneracji. Co więcej, nauczyłem się nie obwiniać moich wewnętrznych i zewnętrznych okoliczności za moją porażkę. powinieneś zrobić to samo. Wykorzystaj swoją porażkę jako konstruktywną krytykę i inspirację dla przyszłego sukcesu, pod każdym względem.

77. Dążenie do niezwyciężoności

"Ten, kto zwycięża innych, jest potężny. Kto zwycięża samego siebie, jest niezwyciężony." - Lao Tse

Mistrz judo i karate wpatrywał się przez okno sali treningowej, gdy jeden z jego uczniów zapytał go, kto lub co motywowało go do tego, by nie poddawał się i zamiast tego stał się odnoszącym sukcesy dan carrierem. Następnie trener odwołuje się do uświęconej czasem mądrości życia, po prostu przenosząc ją do dojo.

"Sala szkoleniowa dała mi radę, jak wytrwać i zbliżyć się trochę do celu, jakim jest niezwyciężoność. Spojrzałem na linę zwisającą z sufitu. Dach sali kazał mi postawić sobie wysoki cel. Zegar pokazał mi, jak ważne są minuty podczas treningu. Lustro na ścianie, moi partnerzy i Makiwara pełniły rolę cennych reflektorów, które pamiętały o moich działaniach. Okno zmotywowało mnie do spojrzenia na świat innymi oczami. Kalendarz przypomniał mi, żebym zawsze był na bieżąco. Lina, makiwara i ciężkie drzwi symbolizowały moją potrzebę zjednoczenia siły fizycznej i psychicznej, aby osiągnąć swoje cele.

Zarówno sala treningowa, jak i sprzęt pomogły mi podbić siebie, aby stać się niezwyciężonym. W ten sposób nawiązuję do mojego umysłu. Ale dotyczy to nie tylko nas judoków i karateków, ale także wszystkich innych sztuk walki. Co więcej, nie pozwalają swoim bliźnim kontrolować ich i dominować. W końcu nauczysz się dążyć do swoich ideałów w treningu. Twoi trenerzy uczą cię wartości i cnót. A jednak nie pozbywają się was moralnie ani duchowo. Twoja wybrana sztuka walki uczy być wiernym sobie. Sprzęt w dojo i jego konstrukcja nauczą Cię realizować swoje cele z nieugiętą wolą.

Jednakże, na przykład Makiwara uczy was, aby nie rozwijać uporu. Nadal wykonujesz swoje uderzenia z koncentracją, siłą i poprawnością techniczną. Ćwicząc na tym urządzeniu, pozostajesz elastyczny. Jednak umacniasz swoją wolę. Judocy zachowują się podobnie, gdy wspinają się po linie i przekraczają swoje granice. Ci, którzy wspinają się po linie używając tylko rąk, udowadniają, jak dobrze przygotowali swój umysł na trudne i trudne sytuacje, z którymi się borykają.

Ludzie, którzy czują, że nie są w stanie poradzić sobie z życiowymi wyzwaniami, mają tendencję do wyrzucania swoich wartości i ideałów za burtę. Jednak artyści sztuk walki zachowują się inaczej dzięki ich niezłomnemu duchowi. Kiedy mają chwilę zwątpienia w siebie, nie pozwalają nikomu wpływać na ich umysł i ducha. Zamiast tego skupiają się na swojej niezwyciężoności.

Trudne sytuacje dowodzą, kto ma niezwyciężony umysł. Wszystkie spadające ćwiczenia, techniki, rzuty, dźwignie i ciosy, które praktykują artyści sztuk walki, wpływają na ich niezwyciężoność. Trenują je zwłaszcza, gdy ich ciało jest wyczerpane. Jeśli ich mięśnie chcą sprawić, że uwierzą, że są na końcu liny, to ich kolej, aby kontynuować. Wtedy pojawia się niezłomny duch. W przeciwieństwie do ciała, nie chce się tak szybko poddawać. I to jest moment, w którym rodzą się zwycięzcy."

Bibliografia

Książki, adresy i czasopisma, które służyły jako inspiracja.

Adresy

https://www.womenshealth.de/
https://www.happinez.de/
https://www.shape.com/
https://www.herzstueck-mag.de/
...
Internetauftritte der Kampfsportverbandseiten auf Deutsch

Artykuły

An Analysis of creativity (Mel Rhodes, kwiecień 1961)
Happinez Magazin Ausgabe Nr. 7, 2019 S. 63

Książki

Ausstrahlung – Leonie Kastner (2017)
Ändere deine Gedanken und dein Leben ändert sich – Dr. Wayne Dyer (2016)
Budo; Das Lehrbuch des Gründers des Aikido – Morihei Ueshiba (1997)
Das Superbewusstsein – Dr. Joseph Murphy (2008)
Die zehn Geheimnisse für Erfolg und inneren Frieden – Dr. Wayne Dyer (2004)
Hagakure; Das Buch des Samurai – Yamamoto Tsunetomo (1979)
Karate; Training, Technik, Taktik – Teruo Kono, Elke von Oehsen (1996)
Kuji-In für Alle – Maha Vajra (2016)
Mind over Muscle; Writings from the Founder of Judo – Jigoro Kano, Yukimitsu Kano, Naoki Murata (2013)
Mutmuskeltraining; Jeden Tag ein bisschen mutiger – Tanja Peters (2018)
Ninja Mind Control – Ashida Kim (2016)

Raus aus der Komfort-Zone; Wie du selbstbewusst dein Leben gestaltest! – Brigitte Maria Maier (2019)
Shaolin; Du musst nich kämpfen, um zu siegen – Bernhard Moestl (2008)
Shaolinn; Das Geheimnis der inneren Stärke – Dr. Thomas Späth, Shi Yan Bao (2001)
Shoninki: The Ninja Scroll - The Original Japanese Text – Natori Sandzuro Masatake (2010)
The Definitive Book of Body Language: The Hidden Meaning Behind People's Gestures and Expressions – Allan Pease, Barbara Pease (2006)
The Classic Yoga Bible – Christina Brown (2017)
The Way of Kendo and Kenjitsu – Darrell Max Craig (2004)
The five Tibetans Five Dynamic Exercises for Health, Energy, and Personal Power – Christopher S. Kilham (2011)
Vom Glück des Scheiterns – Pema Chödrön (2016)
Werde übernatürlich – Dr. Joe Dispenza (2017)
Yoga, das große Praxisbuch für Einsteiger und Fortgeschrittene – Inge Schöps (2012)

Czasopisma

Happinez Magazin
Herzstück
Shape
Women's Health

Epilog

Po kilku latach intensywnego treningu judo i karate narodził się pomysł na tę książkę. Moim celem było przedstawienie filozoficznej strony sztuk walki. Sztuki walki funkcjonują jako pouczająca filozofia życia. Pomagają ludziom opanować wyzwania codziennego życia ze spokojem.

Techniki, które zawodnicy sztuk walki praktykują na treningu służą jako wspaniały przewodnik dla wielu codziennych sytuacji. Ponadto techniki rzutów, dźwigni, uderzeń, pchania i kopania ilustrują nierozerwalny związek między ciałem a umysłem.

Dzięki książce możesz zobaczyć swoją salę treningową jako miejsce pełne pomysłów.

Użyj go, aby stać się lepszym wojownikiem wewnętrznego spokoju. Zarażajcie swoich bliźnich swoim spokojem, wewnętrzną siłą, harmonią i integralnością.

Podziękowania

Przede wszystkim chciałabym podziękować mojemu mężowi. Bez jego zachęty i stałej motywacji, nigdy nie napisałabym tej książki. Dziękuję za słowa zachęty w 2011 roku.

Po drugie, chciałabym podziękować moim dzieciom, których energia motywuje mnie każdego dnia do stawania się coraz lepszą osobą.

Na trzecim miejscu chciałabym podziękować moim rodzicom, którzy poprowadzili mnie w tym kierunku, kiedy byłam młoda. Zawdzięczam wam fakt, że sztuki walki ukształtowały mój pogląd i moją pewność siebie na wiele sposobów. Ożywiliście mój entuzjazm do sztuk walki.

Dziękuję moim dwóm braciom za zmotywowanie mnie i powiedzenie: "zrób to."

Pozostałe podziękowania należą się Melly. Dziękuję za szczerą opinię i regularną motywację, którą ciągle mi przysyłacie. Dziękuję również za lekturę testową i twoje przemyślenia na temat cytatów, szczególnie na temat gorliwości. Również twoja wiara we mnie zawsze pomagała mi kontynuować pisanie. I nie mogę wyrazić, jak wdzięczna jestem za pomoc w angielskiej wersji tej książki.

Podziękowania dla Aleksandry, Anastazji i Nicole. Wasza trójka również zmotywowała mnie do kontynuowania z waszą pozytywną wiarą.

Wielkie podziękowania dla mojej projektantki okładki Milicy. Dziękują za cierpliwość i wysiłek.

Dziękuję również Małgorzacie za przetłumaczenie książki na język polski.

Ponadto chciałabym skorzystać z okazji i podziękować wszystkim moim trenerom i partnerom szkoleniowym. Każdy z was nauczył mnie cennych rzeczy. W końcu wszyscy jesteście odpowiedzialni za to, że zawsze z radością odwiedzałam sale szkoleniowe.

Moje największe podziękowania należą się moim trenerom judo, a także trenerowi karate ken-jitsu i mojemu partnerowi treningowemu karate ken-jitsu. Wasza motywacja wiele dla mnie znaczyła.

O AUTORZE

Milka Gostović (urodzona jako Kovačević) po raz pierwszy stanęła na macie w wieku czterech lat. W tym czasie występowała w aikido - dojo.

Od tego momentu nigdy nie odpuściła magii sztuk walki. Następnie przez kilka lat trenowała judo, zanim skupiła się na kenjitsu karate. Oprócz nich trenowała kickboxing.

Studiowała ekonomię ze szczególnym uwzględnieniem marketingu, zarządzania przedsiębiorstwem i ekonomii środowiska. Pracując jako redaktor online odkryła swoją pasję do pisania.

Jako pisarka i ghostwriter tworzy ekscytujące artykuły dla dużych i małych firm.

www.ingramcontent.com/pod-product-compliance
Lightning Source LLC
LaVergne TN
LVHW050535160826
845677LV00011B/2041